나는 자유

TRAVELS WITH PUFF: A Gentel Game of Life and Death
Copyright ⓒ 2013 by Richard Bach. Originally published by NiceTiger ⓒ 2013
This translation rights arranged with Gudovitz & Company Literary Agency
through Danny Hong Agency, Seoul.
All rights reserved.Korean edition copyright
ⓒ 2025 by Moonhak Soochup Publishing Co., Ltd.

이 책의 한국어판 저작권은 대니홍 에이전시를 통한 저작권사와의 독점 계약으로 ㈜문학수첩에 있습니다.
저작권법에 의해 한국 내에서 보호를 받는 저작물이므로 무단전재와 복제를 금합니다.

RICHARD BACH

나는

I Am

《갈매기의 꿈》
리처드 바크 에세이

자유

Flying

TRAVELS WITH PUFF 문학수첩

차례

당신이 못 믿겠다면 ········· 7
1. 만남 ········· 13
2. 광고 ········· 15
3. 막연한 생각을 현실화하기까지 ········· 19
4. 학습 곡선 ········· 23
5. 드디어 단독 비행 ········· 30
6. 나흘째, 휴식 ········· 39
7. 오늘은 바람이 분다 ········· 45
8. 나쁜 소식? ········· 54
9. 비밀 ········· 69
10. 거친 물결에 착륙하고 다시없을 폭풍우에 대비하며 ········· 77
11. 다른 가족들 ········· 84
12. 퍼프를 위한 여행 1부 ········· 86
13. 퍼프를 위한 여행 2부 ········· 90
14. 내일을 생각하며 ········· 95
15. 다시 말씀해 주시죠, 캡틴 치킨 ········· 105
16. 다시 날자! ········· 113
17. '루틴 비행' ········· 117
18. 세브링 ········· 120
19. 기술적인 문제 ········· 124
20. 진실의 힘 ········· 128
21. 모래, 바다 그리고 하늘 ········· 132
22. 퍼프와 회장 ········· 138
23. 뇌우를 향해 웃으며 ········· 140
24. 최고의 계획 ········· 149

25. 고요한 날 ········· 157
26. 다음 날 ········· 160
27. 활상(滑翔)의 날 ········· 167
28. 캣 할머니 ········· 170
29. 첫날 그리고 스플래시 인 ········· 173
30. 일출을 기다리며 ········· 178
31. 비행하기 최고로 좋은 날? ········· 184
32. 폭풍우와 상어가 나오는 우리의 여행 이야기 ········· 195
33. 루이지애나주의 어느 고요한 날 ········· 209
34. 시원한 날 ········· 211
35. 두려워도 날자 ········· 224
36. 아침에 ········· 231
37. 우리를 지켜주는 존재 ········· 241
38. 결단 ········· 247
39. 정비하는 날의 깜짝 방문 ········· 253
40. 물속의 칼 그리고 비행 ········· 256
41. 예지 ········· 266
42. 큰물 탐험 ········· 277
43. 넓은 모래사장을 탐험하며 ········· 284
44. 이륙 그리고 자유 ········· 300
45. 160킬로미터를 날아서 ········· 314
46. 말과 행동 ········· 321
47. 연안 비행 ········· 329
48. 수리할까 아니면 그냥 갈까? ········· 337
49. 미지의 세계에서 자신 있게 ········· 345

당신이 못 믿겠다면

 집필 중에는 몰랐는데 《퍼프와 함께한 여행》을 완성하고 보니 이 행성에 짧게 머문 내 삶에 관한 주제가를 쓴 것 같다. 얼마나 많은 독자와 이 노래를 공유하게 될까. 자유로워진다는 게 어떤 의미인지, 내가 매일 선택한 삶을 살아가면서 어떤 자유를 누리는지에 관한 내용이라고 봐주시면 좋겠다.

 우리 중에는 방랑자, 탐험가 같은 별종이 섞여 산다. 그들은 늘 본보기가 되어준다. 그들은 기꺼이 관습을 버리라고, 눈에 보이지 않는 가치를 위해 안정적인 삶을 버리라고 말한다. 어쩌면 우리 삶에 안정 따위는 원래 없는 게 아닐까? "어이, 모험가, 별종 친구들, 이쪽으로 가봅시다!"

 난 별종이 아니다. 내가 별스럽게 구는 것은 그저 두 가지 이유 때문이다. 첫째, 나는 넥타이가 없다. 둘째, 턱시도를 입어본 적도 없다. 고집스레 저항하는 의미에서 앞으로도 살아있는 동안 이 두 가지를 절대 하지 않을 생각이다. 그렇더라도 별종 중의 별종이 되기에는 부족하다. 별종들을 모아 목록을 만든다면 나는 그 목록 저 아래에나 있을만한 사람이다.

이런 이유로 내가 내 책에서 사실을 호도하거나 대충 뭉뚱그려 넘어갈지 모른다고 의심하는 이들이 있다.

이 이야기와 관련해서도 아마 그런 의심들을 할 것이다. 애초에 내가 지어낸 이야기라고 생각할 테니까. 나는 토드나 퍼프를 만나기 전부터, 사람들이 이런 만남을 여간해서는 사실로 믿지 않는다는 걸 알고 있었다. 그들은 이 책의 내용에 대해, 한가로운 작가가 자다 깨서 머릿속으로 상상한 내용을 펜으로 끄적거린 것에 불과하다고 생각할 테니까.

내가 원고 초안을 만들면서 사진 촬영에 사용한 핸드폰 카메라를 증거로 제출하겠다. 그리고 댄 니컨스와 그의 영혼, 그가 소유한 실험적인 수상비행기, 퍼프의 자매, 캐논 EOS 5D 시리즈 Ⅱ 풀 프레임 CMOS 디지털 싱글 렌즈 리플렉스 콤팩트 바디 슈퍼-카메라도 증거로 제출하겠다. 이 책의 내용은 모두 사실에 기반을 두고 있다. 여러분이 일상의 모험 이야기를 즐겁게 읽어주시면 좋겠다.

운명 덕분에 우리는 이 비행을 함께하게 됐다. 사랑하는 독자 여러분, 나는 여러분이 첨단 기술로 만든 가짜 페이지를 허

구한 날 들여다보는 걸 안다. 이 책에 등장하는 사건과 개념은 모두 진실이며, 그걸 증명할 사진도 함께 실었음을 이 자리에서 밝혀둔다!

이 책에서 다루는 내용은 거칠고 힘든 모험이 아니라, 확신이 있는 사람이라면 누구나 해볼만한 소소한 모험이다. 그러니 하다가 죽을 수도 있는 위험한 모험 이야기를 기대하지는 말기 바란다.

몇 년 전 어떤 사람이 티셔츠에 찍힌 "자유를 얻었나요?"라는 문구를 보더니 내게 질문한 적이 있다.

늦었지만 여기에서 소형 수상비행기 두 대, 그리고 만 개의 지평선을 가진 대륙으로 그 질문에 대답하고자 한다.

리처드 바크

1

만남

《버드나무에 부는 바람(The Wind in the Willows)》이라는 동화책을 기억하는지?

이 동화책에 나오는 토드 홀의 열정적인 주인 미스터 토드를 기억하나? 여러분은 그 책을 읽으면서 토드를…… 그저 그런 괴짜로 보지는 않았을 것이다.

나도 마찬가지다.

자동차를 처음 본 토드는 자동차라는 기계에 곧장 매료된다. 여러분은 그걸 그냥 '집착'으로 생각하지는 않았을 것이다.

나도 마찬가지다.

비행기를 보게 되는 날이 온다면 토드는 오래된 잼 단지를 버리듯 자동차를 뒤로하고 비행기에 관심을 쏟을 것 같다. 하늘을 날아다니는 자유를 맛보고 싶은 건 토드의 자연스러운 소망 아닐까?

나도 그렇게 생각한다.

그 부분에 대해 토드는 나보다 더 잘 표현했다. "독립적이지 않으면 자유도 없어요, 친구들아. 남이 내 의지에 반해서 내 삶을 좌지우지하고 결정한다면 그 쇠사슬을 부수지 않는 한 자유를 누릴 수 없다고요."

토드 홀에서 토드는 친구 래트와 모울, 배저, 그리고 나를 앞에 두고 이렇게 말했다. "자유가 중요해요! 남이 하라는 대로 사는 게 아니라, 쇠사슬에 묶이지 않은 영혼의 의지대로 사는 게 바로 자유입니다!"

"옳소! 옳소!" 우리 넷은 탁자에 놓인 고운 은식기가 달그락거리도록 앞발로 탁자를 내리치면서 소리쳐 동의를 표했다.

토드는 내가 말하고픈 진실을 얘기했다. 독립한 후에 자유를 어떻게 감당할까? 남들이 정해놓은 규칙에 따라 살아야 하나? 하늘을 나는 기계보다 더 독립적인 게 있을까? 비행기를 타면 맹목적으로 돌아다니는 토드처럼 자유롭게 살 수 있을 것이다!

우리는 옛날이 아니라 바로 지금의 이야기를 하고 있다!

어제 나는 이렇게 자신을 설득하고 비행기를 한 대 샀다.

광고

2008 시레이(SEAREY) 912S 73 T.T.A.E.

* 좋은 집에 팔리기를 희망함
* 몇 가지 시레이 LSX 업그레이드가 적용된 시레이 '클래식': 와류 발생기, 스트럿 플레이트, 테일 포스트 스트랩, LSX 벌크헤드 업그레이드. 카본 'C' 동체, 로텍스 912ULS 100 HP 엔진, 전자식 기어, 전자식 플랩, 수압 브레이크 w/헤가 6.00×6림, 3 블레이드 이보 프로펠러, 26갤런 연료 탱크, 40 앰프 외부 교류 발전기, 오일 쿨러, 웰렌 나브/스트로브
* 연락처: 미국 플로리다주, 중개인 소재지 말라바, 레크리에이셔널 모빌리티의 짐 래트
* 전화번호: 321-253-9434
  http://www.seareyspecialist.com

평생 비행기를 다루며 살다 보니 이 광고의 기술 용어가 내게는 의미 있게 다가온다. 이 기계는 내게 토드의 자동차와 마

찬가지라서…… **내가** 이 비행기의 좋은 집이 되어주기로 했다!

나는 321-253-9434로 전화를 걸어 짐 래트(토드의 충실한 친구 '래트'와 같은 이름)를 찾았다. 그가 전화를 받자 나는 대뜸 말했다. "좋은 집이 되어줄 사람입니다!"

이 비행기는 정말 예쁘지 않은가? 시레이는 비행정이다. 하늘을 날 수 있고, 땅에 착륙하며, 수면에도 떠다닐 수 있다. 비행기에 관해 여러분이 꼭 기억해야 할 게 있는데 육상에 착륙할 때는 바퀴를 내리고 수상에 착륙할 때는 바퀴를 올려야 한다는 것이다. 수륙양용기를 타고 바퀴를 내린 채 호수나 강에 착륙할 경우, 어마어마하게 물이 튄다. 그럴 때는 거의 물밑에서 욕을 하며 자기반성을 해야 한다. 나는 수상 착륙 시 늘 바퀴를 올리는 편이라 그런 부분에서는 문제가 없다.

소소한 도전 거리가 하나 생겼다. 워싱턴주에 있는 우리 집에서 까마귀처럼 곧장 날아갈 경우 플로리다의 격납고까지는 4,500킬로미터. 요즘 나는 플로리다의 격납고를 즐겨 찾는 편이다. 아무리 소형이라 해도 이 기계는 비행기이지 까마귀가 아닌 데다가, 겨울이라 산이 험하고 한밤중의 좀비 떼 같은 눈과 바람을 피해야 하니 대륙을 가로질러 5,470킬로미터 정도를 날아가야 한다.

내 일상 세계를 3차원으로 구성하며 온갖 생각을 하다 보면 과거의 어린 내가 마치 살아있는 것처럼 눈앞에 나타나 다시 한번 열정을 발휘하도록 이끌곤 한다. '모험! 로맨스! 대우주에

서의 삶!'을 외쳐가면서 말이다.

《페럿 연대기(The Ferret Chronicles)》를 읽어본 분들에게는 익숙하게 들리는 구호 아닌가? 페럿 세상에서…… 버저런, 스트로브, 샤이엔, 스토미, 베서니가 떠드는 소리가 들리지 않나? 특히 베서니의 목소리가 생생하게 들리는 것 같다. 소형 수상비행기를 타고 날다 보면 우리 집에서 그리 멀지 않은 곳에 있는 FRS 베이스 메이타임에서 페럿 구조대와 함께 비행할 기회가 올 것 같기도 하다. 시레이를 타고 가다 보면 베서니의 페럿 구조보트 'J 101 레절루트호' 위를 날게 될 수도 있다. 베서니가 바다에서 위험에 처한 작은 동물들을 구조하는 동안 나는 그 위에서 날아다니는 것이다.

나는 교관에게 이 비행기를 다루는 방법을 배울 생각이다. 비행에 어느 정도 익숙해지면 이 비행기를 타고 몇 주에 걸쳐 집으로 날아가야지. 또 누가 알까? 다른 비행기에 타고 있던 또 다른 조종사가 나와 함께 비행하게 될지!

나는 매일 비행 연습을 할 것이다. 자유로이 살겠다고 마음먹기만 하면 누구나 가질 수 있는 자유를 누려가면서. 시레이를 타면 언제든, 어디로든 날아갈 수 있다. 내가 원하고 소망하는 자유는 바로 그런 것이다.

여기서 깨달은 게 있다. **우리는 누구나 자기만의 체스판과 놀이터를 고를 수 있다. 어디에서 뛰어놀지 선택할 수 있다는 얘기다.**

내가 고른 놀이터는 하늘이다. 내가 하늘로 날아오르지 못하게 막는 사람은 나뿐이지 않은가? 누가 나를 강제로 붙잡아 둘 수 있을까? 아무도 없다.

나는 이게 진실이라는 걸 밝혀낼 작정이다.

3

I·A·M F·L·Y·I·N·G

막연한 생각을 현실화하기까지

올랜도에서 동트기 전까지 장시간 비행을 했더니 기운이 쭉 빠진 상태였는데 지금은 플로리다주에서 잘 회복 중이다. 제트여객기에서 내린 후 올랜도의 큰 공항을 떠나 발카리아의 작은 공항을 향해 차를 타고 이동했다. 목적지는 대서양 해안의 시레이 격납고였다.

내가 그렇게까지 서두른 이유는 세 가지였다.

첫째, 그 비행기의 이름은 346 파파 에코였다.

둘째, 그 비행기는 너무나 아름다운 소형 수상비행기였다.

셋째, 나는 그 비행기에 거의 미쳐있었다.

그런데 일방적인 감정인 모양이었다.

나는 매끄러운 유리섬유 기체를 손가락으로 쓰다듬으며 공손하게 인사를 건넸다. 안녕, 작은 비행기야.

그런데 대답은커녕, 이 비행기가 묘하게 뒷걸음질 치는 느낌이 들었다.

'날 건드리지 말아요. 저리 가요!'

"짐?" 나는 이 비행기를 만든 남자에게 물었다. "얘가 문제가 좀 있습니까?"

"직접 맞혀보시죠."

"이런 느낌을 받아본 적이 없어서요. 이 비행기가 나를 무서워하는 것 같아요!"

짐은 겁먹은 조랑말의 옆구리를 쓰다듬듯 비행기의 날개를 쓰다듬으며 말했다.

"이 비행기의 첫 주인이 바퀴를 내린 채 수상 착륙을 해서 그럴 겁니다."

나는 움찔했다.

"가볍게 비행 중이었는데, 바람이 좀 세게 불었어요. 덕분에 천천히 착륙해서 망가지진 않았습니다. 수리해서 새것으로 만들었죠."

"첫 주인이라고 하셨는데, 두 번째 주인도 있나요?"

짐은 날개에 손을 얹은 채 고개를 끄덕였다. 괜찮아, 꼬마야, 괜찮아……라며 달래는 듯했다.

"두 번째 주인은 확인 같은 건 필요 없다고 못을 박더라고요. 확인 안 해도 멀쩡하게 비행할 수 있다면서."

짐은 그 일을 떠올리는지 더는 말이 없었다.

"결국 그 사람 말대로 되지 않은 거네요?"

"네. 이륙하자마자 나무에 좌측 날개를 부딪쳤어요. 아주 세게요. 우리는 날개를 새로 제작해 달아주고 다시 새걸로 만들어 놨죠. 그런데 그 사람이 이 비행기를 타기 싫다고, 더는 원하지 않는다고 하더라고요."

두 명의 주인이 이 비행기에게 인사하고 얼마 되지 않아 세게 부딪히게 만든 것이다. 그러니 이 비행기가 세 번째 주인을 두려워하는 게 당연하지 않은가? 겁낼만도 하지!

짐은 시레이에 관해 나와 몇 시간 동안 얘기를 나누면서 내 요청대로 이 비행기에 가열식 기화기(carburetor, 연료와 공기를 적당한 비율로 혼합하여 실린더로 보내는 장치―옮긴이)를 설치했다. 나는 그 후 몇 시간 동안 조종석에 조용히 앉아 그 느낌을 몸에 익혔다. 스위치와 다이얼의 위치를 확인하고, 공중에서 조종석의 시야가 어떨지 등을 가늠해 보았다. 그리고 교관과 좀 더 얘기를 나눈 후 비행에 나섰다.

첫날이라 기술적 세부 사항까지 다 챙길 필요는 없었다. 몇 시간 정도 간단히 훈련하는 것으로 충분했다.

아마추어가 만든 실험적인 비행기를 구매하는 게 미친 짓이라는 생각은 한 번도 해보지 않았다. 이 비행기에 관해 알게 되면, 이 비행기로 잘 날아다니는 방법을 알면, 우린 친구가 될 수 있을 테니까. 이를 악물고 헤어지는 일 없이, 언젠가는 빛나는 자유를 향해 함께 기뻐하며 날아오를 수 있지 않을까?

  여기서 깨달은 게 있다. **우리 마음속에 기쁨과 사랑이 있다면, 즐거운 희망을 안고 사는 것도 가능하다는 것이다.**

학습 곡선

작은 시레이는 안전하게 격납고에 들어갔고, 나는 호텔 방으로 돌아왔다. 비행기와 나는 확인 2일 차를 무사히 보냈다.

어제는 기분이 묘하고 불편했는데 나의 내적 자아는 그런 기분에 잘 적응하면서 그 비행기를 배워나갔다. 그런 내 모습이 이상하게 느껴졌다. 이 비행기는 지금까지 몰아본 비행기들과 달리 빠르고 가벼운 편이라 새로 익혀야 할 게 많았다.

일단 기체가 작아서 활주로에 놓인 접이식 의자 높이 정도로 낮게 날 수 있었다. 조종석 시트가 수직이 아니라 비스듬했고, 엔진 스로틀이 좌측이 아니라 우측에 있었다. 내게 익숙한 레버와 핸들이 아니라 전기 스위치가 착륙 기어와 플랩을 조절하는 방식이었다.

어이없을 정도로 쉽지 않았다……. 엉겅퀴 관모처럼 민감한 이 비행기는 크고 무거운 비행기에 익숙한 나를 잘 따라주지 않았다. 그 결과 내 첫 이륙은 어색하고 불안정했고, 착륙은 난감할 지경이었다(조종사들이 '통제된 충돌'이라 부르는 좋지 않은 착륙이었다). 장점은? 학생 조종사의 거친 조종도 견딜 수 있을 만큼 튼튼하게 만들어진 비행기라는 것.

연습을 거듭하자 착륙이 좀 더 개선되고 부드러워지긴 했지만 내 기준에는 전혀 미치지 못했다. 외과 전문의처럼 섬세하게 다루며 비행해야 하는데 나는 도살업자처럼 거칠게 비행기를 다루고 있었다.

오늘 교관의 숨소리가 좀 더 편안해졌다. 나는 여전히 너무 급하게 착륙하는 경향을 보였지만 교관은 어제보다는 자기 목숨이 덜 위험하다 느끼는 듯했다. 어제 나는 그야말로 끔찍한 착륙을 보여줬다. 교관은 고양이처럼 기민한 사람이라 내가 비행기에 대한 통제를 완전히 놓쳤다 싶으면, 그러니까 내가 허공에서 빙글 돌아 착륙을 시도했다가 다시 튀어오르면서 **"잘하고 있어!"**라고 소리치면 바로 나 대신 조종간을 잡았다. 오늘 그는 비행 중에 그런 일이 덜 일어날 것 같다고 느끼는 듯했다. 나는 느리지만 이 비행기에 대한 감을 조금씩 익히면서 속으로 이렇게 말했다. 기운 내, 리처드. 비행기가 너에게 적응하도록 강제하지 말고 네가 비행기에 적응해. 이 비행기는 튼튼하게 만들어졌지만 아주아주 **가벼운** 비행기야!

새로운 수륙양용기를 타고 하는 연습은 땅 위든 물 위든 착륙 연습이 거의 다라고 해도 과언이 아니다. 어떤 비행기든 일단 익숙해지면 공중에서 다루기는 쉽다. 상륙, 활강, 회전, 실속(비행기가 속도를 잃고 추락하는 상황—옮긴이) 등을 몇 분 동안 경험하고 나면 그 비행기가 어떤 식으로 비행하는지 감을 잡을 수 있다. 이럴 때는 날개의 실속 현상이 일어나고, 이렇게 회전하고 상륙하고 활강하는 것은 정상이라는 감이 생기는 것이다.

(어제 나는 착륙 연습을 하느라 상당히 애를 먹었지만) 대부분의 비행에서 조종사가 어려워하면서도 즐기는 게 바로 착륙이다. 매번 착륙할 때마다 조건이 달라진다. 바람이 바뀌면서 비행기가 지난번 착륙 때보다 가볍게 혹은 무겁게 느껴질 수 있다. 다른 비행기가 지정 비행경로에 합류하거나 그 경로에서 떠나기도 한다. 독수리, 갈매기, 대머리수리가 비행경로로 날아들었다가 떠나는 상황도 있으니 조종사는 매초 다른 선택을 해야 한다.

이 교관은 최대한 잔소리를 억제하고 가르쳐 주었다. 그는 내가 내 속도에 맞춰 비행의 감을 익히게끔 하고, 공중에서 이런저런 설명을 많이 하지 않았다. 대신 내가 확인 사항들을 말할 때는 신중하게 귀를 기울였다. "이번에는 **수상** 착륙을 해보겠습니다. 좌측 바퀴 **올리고**, 뒷바퀴 **올리고**, 우측 바퀴 **올려요**. **수상** 착륙 시 바퀴를 반드시 **올려야 하고**……" 바퀴를 내린 상태에서 수상 착륙을 하면 물이 얼마나 높이 튀는지 보여주는 영상 자료까지 틀어주면서 교관은 내가 소리 내어 말하며 조종하게끔 했다. 잘못 착륙하면 비행기는 곧 거꾸로 뒤집혀 푸른 물에 조용히 떠다니는 신세가 되기 때문이었다.

나는 교육받은 대로 했다. "수상 착륙 시 부스트 펌프 켜고, 플랩은 20에 맞춥니다." 오늘 아침 우리는 황무지 호수 주변에서 사각형 패턴 비행을 했다(플로리다 중부 지방에는 이런 호수가 몇백만 개나 있다). 나는 공회전을 하면서 바람을 타고 마지막 회전을 했다. 수면이 점점 커지며 빠르게 다가왔다.

내가 알기로 그는 착륙과 관련해서 '그라운드 러시(ground rush)'라는 용어를 사용하는 유일한 교관이었다. 그런 느낌의 착륙을 하는 비행기도 시레이가 유일했다. 교관이 스카이다이빙에서 가져온 용어인데, 지상이 어마어마한 속도로 다가오고 있음을 조종사가 갑작스럽게 인지한 순간, 즉 추락 시 마지막 몇 초간을 표현하는 말이다. 그래도 시레이를 타고 비행하는 동안 조종사에겐 스카이다이버와 달리 선택의 여지가 있다. 스카이다이버와는 달리 그라운드 러시 현상이 일어나고 1초 뒤 죽을 일 없이, 그 순간을 지켜보며 즐길 수 있다.

조종간을 당기면서 잘 풀어주면 수면의 잔물결이 30센티미터 높이로 부옇게 올라왔다가 15센티미터로 줄어든다. 그런 다음 탄소섬유 동체가 수면에 닿으면서 빠르게 쌔애액 소리가 난다.

오늘 아침 우리는 수면에서 몇 번이나 접지 후 이륙(수상비행기 조종사들은 이걸 '스플래시 앤 대시(splash and dash)'라고 부른다)을 연습했다. 나는 비행기가 수면에 살짝 닿은 후에 동력을 올리는 식으로 조종했다. 기존의 동력 덕분에 몇 초 동안 쾌속정처럼 호수 수면을 스치다가 다시 날아오르는 것이다. 그리고 어선처럼 수면을 잠시 떠다니다가 착륙해서 완전히 멈추는 식으로도 해보았다. 그다음은 동력을 유지한 상태로 푸른 수면을 나아가 기체 아래에서 물보라가 하얀 눈처럼 피어오르게 하고 날아올라 뒤를 돌아보았다. 수면에 우리가 남긴 흔적이 고스란히 남았는데 보트는 없었다! (왜냐하면 보트는 바로 우리 비행기이고 우리는 하늘을 날고 있었으니까.)

이게 얼마나 재미있는지 여러분이 알까? 이렇게 조종하려면 훈련이 필요하다. 꽤 어려워서 처음부터 잘되지는 않는다. 비행기는 조종에 아주 민감해서 조종사가 잘못 만지면 뜻에 따라주지 않는다. 그러다 요령을 체득하게 되면 우리는 이렇게 말할 것이다. "이게 왜 그렇게 어렵다고 생각했지? 시레이를 타고 하늘을 나는 건 너무 쉽잖아!" 어디서든 이륙하고 어디서든 착륙하며 원하는 어디로도 갈 수 있다. 두꺼비 토드가 말하는 자유, 내가 원하는 자유란 바로 이런 것이다.

우리는 이 동작을 거듭 연습했다. 오늘 세 번 비행에 나섰고 물 위에서 이착륙, 땅 위에서 이착륙을 반복 연습했다. 나는 서서히 비행기의 일부가 되었고, 내 영혼이 이 새로운 비행기와 날개에 녹아들었다……. "아 그래…… 이 녀석과 함께라면 나는 **날 수 있어!**"

섣부른 오리처럼 얼음 위에서 미끄러지다가 우당탕탕 착륙하는 나를 내 비행기는 겁먹은 채 지켜보다가 애원했다.
 '제발 나를 또 망가뜨리지 말아요!'

드디어 단독 비행

 오늘 아침에 교관이 한 번만 더 함께 비행하며 훈련하자고 제안했다. 나는 이제 혼자 비행하고 싶은 마음이 컸다. 플로리다 중부 지역에 있는 거처로 혼자 시레이를 타고 날아가 휴식을 취한 후 조용히 연습하고 싶었다.
 "걱정 마세요. 교관님이 잘 가르쳐 주셔서 괜찮습니다. 정말 감사드려요. 제가 완벽하게 이착륙하는 모습을 보여드리죠. 조만간 다시 뵙겠습니다!"
 "명심해야 하는 부분은 잘 알고 계시죠?"
 "기어 플랩 부스트 펌프!"
 "그래요."
 사물함과 조수석의 소프트케이스에 짐을 쑤셔 넣고 끈으로 고정했다. 그리고 비행기에 올라타 활주로를 천천히 달리다가 내 비행 경력 중 최악의 이륙을 하고 말았다.

여러분이 에어쇼에서 술 취한 조종사 코믹극을 본 적 있다면 오늘 아침 내 이륙이 어땠는지 짐작할 것이다. 불쌍한 꼬마 시레이는 정찬용 접시처럼 눈을 휘둥그렇게 뜨고 비틀비틀 날아올랐다.

'제발 조심해요! 내가 무슨 잘못을 저질렀기에 이런 사람이 나를 조종하고 있는 거죠?'

딴생각하느라 조종간을 잡은 채 뒷바퀴가 땅에 닿게 하지도 않고, 우측 방향타를 조종하지도 않고 이륙해 버린 것이다. 한마디로, 내가 넋 놓고 있는 동안 겁먹은 비행기가 저 혼자서 최선의 이륙을 해냈다.

그 후 80킬로미터를 날아가면서 몹시 자책했다(내가 욕은 잘 못하는 편이다). 앞으로는 스로틀을 전출력으로 밀면서 날아오르는 대신, 브레이크를 풀기 전에 이륙하겠다고 맹세했다.

그리고 나서야 웃으며 말했다.

"그래, 좋아. 교훈을 얻었어. 이제 나를 믿어도 돼."

(내가 자책하느라 정신이 나가있는 동안) 작은 비행기는 스스로 고도를 1,500피트(약 450미터)까지 올리고 안정적으로 비행하면서 내가 알아채길 조용히 기다렸다. 그리고 나는 드디어 그 사실을 알게 됐다. 맙소사!

나는 외워둔 확인 목록을 빠르게 돌아보았다. 이륙 전, 이륙,

상승, 순항, 착륙 전, 착륙을 위해 바퀴 상태 세 번 확인하기, 착륙 복행(착륙하려고 내려오던 비행기가 착륙을 중지하고 다시 날아오르는 비행법—옮긴이), 상승, 순항. 그 순간 저 아래 펼쳐진 세상은 너무나 아름다웠다!

처음으로 단독 비행에 나선 기분을 만끽하려고 유리처럼 깨끗한 조종석 해치를 열고 창틀에 팔꿈치를 올렸다. 예전 여름에 복엽비행기(동체 아래위로 두 개의 앞날개가 있는 비행기—옮긴이)를 타고, 도널드 시모다(리처드 바크의 소설 《환상: 어느 마지못한 메시아의 모험(Illusions: The Adventures of a Reluctant Messiah)》의 주인공—옮긴이)의 트래블 에어 비행기와 나란히 날아본 이후 이렇게 조종석 해치를 열고 비행하는 건 처음이었다.

이 비행기의 시계(視界)는 압도적이었다. 다만 뒤쪽은 보이질 않았는데 어차피 시레이는 앞으로 날아가고 있으니 뒤까지 볼 필요는 없었다. 전방과 측방이 정말 잘 보여서 절로 웃음이 났다. 조종석 해치를 열어놓은 덕분에 내 웃음소리가 바람에 실려 저 아래 몇 킬로미터까지 퍼져 나갔다.

이 작은 비행기는 내 어색한 이륙을 잊지 않았지만 적어도 용서는 해주었다. 이 비행기가 깊고 푸른 하늘을 기쁜 마음으로 홀로 날아가는 게 느껴졌다. 우리는 대서양을 뒤로하고 태평양을 향해 날아갔다. 비행기는 체념하고 운명에 맡기기로 한 모양이었다. 새 주인과 모험할 수밖에 없다는 사실을 받아들인 것이다. 연료 탱크에 남은 연료로는 시속 120킬로미터로 다섯 시간 동안 비행이 가능했다.

'날 어디 처박고 싶으면 처박든지요.'

엔진 부품이 조화를 이루며 잘 작동하고 있었다……. 온도와 압력도 알맞아서 계기판의 바늘이 다이얼에 그려진 것인 듯 움직임이 없었다. 새 비행기를 타고 날면서 어느 정도 시간이 흐르고 나니 각 기기의 정상 수치가 어느 정도인지 알게 됐다. 첫 국토 횡단 비행치고는 전부 안정적인 수치를 기록했다. 기계적으로나 인간적으로나 괜찮은 관계의 시작점이 된 것 같았다.

한 시간도 채 안 되어 나는 스로틀을 풀어주면서 집 옆의 호수를 향해 고도를 낮추기 시작했다. 외워둔 확인 절차를 몇 번이고 되새겼다.

"**수상** 착륙하겠습니다. 좌측 바퀴 **올리고**, 뒷바퀴 **올리고**, 우측 바퀴 **올립니다**. **수상** 착륙에 대비해 바퀴들을 전부 **올린** 상태로 유지하겠습니다. 플랩의 각도는 20도, 부스트 펌프 **켭니다**. 이건 **수상** 착륙입니다. 바퀴들을 전부 **올리겠습니다**!"

이제 몸에 밴 제2의 천성에 의지해야 했다. 시속 120킬로미터를 유지하면서 하강했다. ……비행기는 따뜻한 공기 속으로 미끄러지듯 내려갔다. 큰 소리로 다시 확인했다. "수상 착륙에 대비해 바퀴들을 전부 **올립니다**." 비행기가 호수로 급속 착륙을 시작했다. 메이플 시럽 바다로 떨어지는 기분이었다. 조종간으로 역압을 넣어 속도를 줄여주고 비행기 기수를 살짝 들어주었다. 비행기가 새까만 호수 표면 위를 미끄러지듯 나아갔

다……. 끝내준다, 리처드. 이 완벽한 풍경을 봐. 수상비행기의 용골(keel, 선체 중앙을 받치는 길고 큰 재목—옮긴이)이 수면을 스치며 타-타-타 소리를 내다…… 날개에서 생기가 빠져나가며 쉬이이 소리로 이어졌다. 이윽고 긴장을 푼 시레이는 시속 48킬로미터로 나아가는 쾌속정이 되었다.

비행기가 쾌속정 모드를 유지할 수 있도록 스로틀을 약간 만져주었다. 크게 한 바퀴 돌면서 호숫가로 나아갔다. 오른쪽으로 돌자 좌측으로 깨끗한 물보라가 확 피어올랐다. 내 손으로 이만한 힘을 조종하고 있다는 쾌감이 엄청났다. 나만 볼 수 있는 이 멋지고 깔끔한 회전을 아마 평생 잊지 못할 것이다……. 두꺼비 토드가 이 길로 갈 수밖에 없는 이유였고, 나도 마찬가지다.

시간과 공간으로 이루어진 꿈의 세계에서, 이 사랑스러운 수상비행기는 눈밭처럼 매끈한 수면 위를 스키 타듯 고속으로 나아갔다. 이보다 더한 즐거움은 어디에도 없을 것이다. 조종사로서 지켜야 할 규범, 외워둬야 할 속도와 엔진 한계치와 절차, 식료품점에 장 보러 갈 때처럼 그 절차를 소리 내서 외쳐야 하는 상황이었지만, 이 순간만큼은 그저 자유롭게 즐겼다.

호숫가로 나아가면서 동력이 서서히 잦아들었다. 내 비행기는 새 주인이 이륙 때는 절차를 깜빡 잊었어도 착륙 때는 잊지 않았다는 점에 고마워하는 듯했다. 꼬리 쪽이 파도에 부서지지 않도록 조종간을 앞으로 쭉 밀자 비행기는 수면 위에서 서서히 속도를 늦췄다. 이제 우리는 가족끼리 놀러 나올 때 타는 보트가 되어 한가롭게 호숫가로 떠갔다. 열어놓은 해치에 수면이 가까워서 차가운 잔물결에 손을 담가보았다. 플랩 **위로**, 부스트 펌프 **꺼**, 무전기 **꺼**, 헤드셋 벗고, 안전벨트 풀고, 바퀴 모두 **내려**! 전기 모터가 웅웅 소리를 내면서 착륙 기어를 내리고 잠갔다……. 몇 초 내로 바퀴를 내려줘야 해변을 따라 쭉 올라갈 수 있었다. 드디어 때가 되었다. 스로틀을 앞으로 밀자 조그맣게 우우웅 소리가 났다. 이윽고 우리는 물을 뒤로하고 호숫가로 쭉 올라갔다. 바퀴가 모래사장 위로 굴러갔다.

한 바퀴 돌아 다시 호수를 바라보았다. 브레이크를 밟고 엔

진을 공회전시키면서 온도를 안정화했다. 오늘의 비행을 빠르게 돌이켜 보았다. 숨 막히게 멋진 급속 착륙, 수상스키용 모터보트처럼 길게 곡선을 그리며 도는, 공기와 물과 속도를 즐기며 날아다닌 꼬마 시레이.

여기서 깨달은 게 있다. **세상에서 온갖 경험을 할 수 있다. 하지만 경험한 것을 사용하지 않으면 아무 소용 없다. 배운 것을 잊지 말고 활용하자.**

달콤하면서도 씁쓸한 느낌이 가슴을 적셨다. 점화 스위치를 **끄고**, 마스터 스위치를 **껐다**. 그 순간 기체가 짧게 흔들리면서 시레이가 중얼거렸다.

'제발 약속해 줘요……'

아무도 보고 있지 않았다. 보고 있었다고 해도 그들의 눈에는 새 비행기에 홀로 가만히 앉아있는 조종사만 보였을 것이다. 내 눈에는 그 순간 두 개의 미래가 서로 엮이면서 안개처럼 부연 앞으로의 나날을 향해 뻗어나가는 게 보였다.

6

나흘째, 휴식

여러분은 어렸을 때 해와 바람에 관한 우화를 들으며 자랐을 것이다. 이 우화에서 바람은 "넌 너무 얌전해. 우리 힘이 어느 정도인지 시험해 보자. 내가 이길 것 같거든!"이라고 말했다.

해가 대꾸했다. "그래, 좋아. 이렇게 해보자. 우리 중 누가 나그네의 외투를 더 빨리 벗기는지 내기할래?"

바람은 너무 간단하다며 큰 소리로 웃었다. 그리고 낡아빠진 옷을 입은 나그네를 향해 세찬 바람을 불어 보냈다. 얇은 외투가 바람에 마구 펄럭이자 나그네는 외투가 벗겨지지 않게 손으로 꼭 붙잡았다. 바람이 더 사납게 불어댈수록 나그네는 외투가 펄럭이지 않도록 더 단단히 부여잡았다.

바람은 결국 지치고 말았다. 이윽고 얌전한 태양이 나그네를 향해 햇살을 내리쬐었다…….

오늘 내게 일어난 일이 바로 그랬다. 바람이 너무 세게 불어서 도저히 비행에 나설 수가 없었다.

맨눈으로는 바람의 세기를 보기 힘들지만, 시레이의 날개 밑에 매달아 놓은 선홍색과 노란색 리본을 보면 바람 세기를 짐작할 수 있다. 바람이 거의 불지 않을 때 리본은 아래로 축 늘어져 있다. 바람이 시속 32킬로미터 정도로 불 때, 시레이는 움직임이 없어도 리본은 세차게 펄럭인다. 이럴 땐 어떻게 하면 좋을까?

내 한쪽 어깨 위에서 천사가 말했다.

"네 훈련 수준은 아직 무르익지 않았어, 리처드. 시속 16킬로미터가 넘는 바람이 불 때는 비행을 안 하는 게 현명해. 인내

심을 갖고 차근차근 연습하면서 경험과 기술을 쌓으면 좀 더 센 바람이 불어도 비행할 수 있어. 넌 아직 이 정도 바람이 불 때 안전하게 비행할 수 있는 실력이 아니야."

다른 쪽 어깨 위에서 악마의 속삭임이 들려왔다.

"야, 이 정도는 식은 죽 먹기지! 너도 날고 싶어 죽겠잖아. 하늘이 정말 푸르구나. 현재를 즐겨. 용기 없는 사람은 미인을 차지하지 못해. 근성 없이는 성공 못 한다니까. 천사가 겁을 내는 건 너처럼 잘 날지 못하기 때문이야. 그런데 넌 열정적인 전사이고 조종사잖아. 안 그래?"

몇 년 전에 내가 '캡틴 치킨 클럽'에 가입하지 않았다면 악마의 속삭임에 넘어갔을 것이다. 엘리트 조종사들로 구성된 이 클럽에 들어가면서 나는 안전한 비행을 맹세했고, 불과 어제 믿기 힘들 정도로 거칠게 이륙했다. 그간의 경험을 돌아보면서 나는 정도를 선택하기로 했다.

올바른 결정을 내리자마자 하늘에서 천둥이 희미하게 치더니 그 소리가 점점 커졌다.

내가 이토록 두려워하는 거센 바람을 타고 비행하면서 수상 착륙을 연습한 유일무이한 비행사가 있으니 바로 미국 조종사 커밋 윅스다. 그는 1926년 이렇게 세찬 바람이 부는 날 낡은 시코르스키 S-39 비행기를 타고 날아올라 처음으로 수상 착륙을 연습했다!

커밋 윅스를 생각하자 내가 겁쟁이 바보처럼 느껴졌다. 어깨에 올라앉은 천사를 돌아보니 천사는 용감하게 고개를 끄덕이며 말했다.

"시코르스키는 시레이보다 아홉 배는 더 무거워, 이 친구야. 시레이를 타고 바다 위에서 비행하기는 버겁겠지만 커밋의 커다란 수상비행기한테는 별로 어려운 일이 아니야."

나는 한숨지었다.

"커밋이 들으면 날 바보로 보겠네요."

"그럴지도 모르지. 커밋이 그렇게 말하면, 이렇게 물어봐. 그동안 얼마나 많은 수호천사가 당신을 지켜줬는지 아느냐고, 당신을 지켜주다가 넌더리가 나서 일을 때려치운 천사가 얼마나

많은지 아느냐고. 커밋이 플로트가 새는 퀵실버 비행기를 타고 이륙했을 때는 어땠는지 알아? 이륙하자마자 뒤에서 물이 치고 올라와 대기속도 0인 상태로 공중에 3미터 뜬 채 나아가야 했어. 볼트가 풀려서 보조익(aileron)이 잠긴 상태로 스핏파이어(Spitfire, 제2차 세계대전 때 쓰이던 영국 명품 전투기—옮긴이)를 타고 이륙했다가 저고도로 저속 비행한 날에 관해 커밋이 얘기했어? 그자가 굳이 너랑 얘기하겠다고 하면……."

"그냥 커밋의 비행기 엔진이 물보라에 잠기게 해버리는 게 어때요, 천사님? 그럼 어떤 보트가 와서 구해줄 때까지 속절없이 물 위를 떠다닐 거 아닙니까."

내 천사가 중얼거렸다.

"리처드, 우린 남에게 안 좋은 일이 일어나길 바라면 안 돼. 그래봤자 결국 우리한테 성가신 일로 돌아오거든."

나는 침대에 걸터앉아 방향타 로크의 줄을 접합하며 남은 하루를 보냈다. 그 일을 끝마친 후에는 우유를 부은 곡물 시리얼로 저녁을 먹었다. 그리고 삶의 미덕에 관한 글을 쓸 작정이었다. 풍속이 시속 64킬로미터나 되는 날에 거친 바람을 뚫고 새 비행기를 타고 나갔다가 비행기를 망가뜨리는 어리석은 짓을 하지 말고, 천사의 판단에 따라 살아야 한다는 내용의 글이었다.

이날 나는 이런 깨달음을 얻었다. **가장 높은 옳음의 기준에 맞춰 살면 영혼을 쉽게 고양할 수 있다. 어차피 스케이트보드를 타고 강철로 된 자갈돌 위를 달리듯 살아야 하는 인생이니, 우리의 가치를 저렴하게 팔아치우지 말자.**

오늘 저녁 나의 꼬마 시레이에는 흠집 하나 나지 않았다. 내가 시레이의 목숨이 위험해질까 봐 신경을 썼기 때문이다. 앞으로 수백 년 동안 열정에 불타는 다른 조종사들도 수상비행기를 타고 독립적으로 비행하고 싶을 때 나처럼 판단을 잘하길 바란다.

나는 내 판단이 옳다고 믿으며 지금 지상에서 울적하게 앉아 바람 소리를 듣고 있다. 우리는 아직 집으로 가는 비행을 시작도 못 했다.

오늘은 바람이 분다

조종사의 관심을 끌고 싶으면 "돌풍이……"라는 말과 함께 60 같은 숫자를 덧붙이면 된다. 조종사가 즉각 근심하는 낯빛이 되면 바로 주제를 바꾸고 하고 싶은 얘기를 꺼내자. 앞뒤 맥락을 따져가며 말할 필요도 없다. 그냥 그 말을 꺼내고 분위기를 보면 된다.

나 역시 오늘 아침에 날씨 얘기를 하는 사람들에게 관심이 쏠렸다. 그들은 오늘 오후에 시속 40킬로미터의 돌풍이 불 거라는 일기예보 얘기를 하고 있었다. 시레이의 새 조종사가 된 만큼 나는 그들이 시속 68킬로미터 어쩌고…… 하는 얘기를 입에 올리자마자 헤드라이트 불빛을 본 사슴처럼 화들짝 놀랐다. 사람들이 풍속 25 정도라고 말할 때는 보통 노트 단위로 말하는 것이기 때문에, 킬로미터로 환산하려면 여기에 1.852를 곱하면 된다. 그럼 시속 48킬로미터가 나온다!

나는 잠이 확 깨서 생각해 보았다.

시레이 공장이 있는 북쪽까지는 짧은 거리지만 사람들 말대로라면 나는 오늘 그곳으로 비행할 수 없는 상황이었다. 오늘 거기서 댄 니컨스를 만나고 케리 리히터와 함께 비행하기로 약속되어 있었다. 그런데 플로리다주 윈터 헤이븐에서 바람 때문에 옴짝달싹 못 하게 생겼다. 얼마나 오래 그러고 있어야 하는지 알 수 없는 상황이었다. 지금 풍속이 시속 16킬로미터라니까 내일까지 기다릴 게 아니라 당장 이륙해서 그들을 만나러 가는 게 낫지 않을까?

생각한 바를 바로 실행에 옮기기로 했다. 해변에서 조종석 및 엔진 덮개를 벗기고 비행기를 점검하면서 시레이에 짐을 실었다.

40분 뒤, 나는 수상비행기로 유명한 플로리다주 타바레스 시를 내려다보았다. 사랑스러운 호숫가 도시 타바레스는 도심을 찾아온 수상비행기들을 반갑게 맞아들이면서 수상비행기들의 도시가 되었다! 타바레스는 수상비행기를 탄 채로 구경할 수 있는 야외극장을 설치하고 관광객을 유치해 도시경제를 일으켰다. 도시 안에 물가가 있는데도 수상비행기에 신경 써주지 않는 곳들도 있다. 여러분 같으면 화창한 주말에 어디로 비행 나가고 싶을까?

타바레스는 수상비행기를 위한 수상 착륙 행사인 '스플래시인'이 한창이었다. 내가 도착했을 무렵에는 바람이 조금 세진 상태였다. 이미 도착한 스무 대 정도의 비행기는 호숫가에 발이 묶여있었고 시레이와 나는 공중에서 맴을 돌았다.

"어떻게 생각하십니까, 마님?"(나는 아직 내 비행기에 이름을 지어주지 않았다)

'바람이 많이 부네요.'

"그러게."

도라 호수의 수면에 흰 파도가 일고, 하얀 바람 자국이 길게 나있었다. 1,000피트(약 300미터) 상공에서 내려다볼 때는 편안하게 착륙할 수 있을 것 같았는데, 실제 착륙 거리가 짧고 수면에 파도가 거칠었다.

'수상비행기 램프에 부는 순풍이 4분의 1로 줄어야 해요.'

"음. 공기가 그렇게 뜨겁지는 않은데."

'램프의 폭이 별로 넓지 않아요.'

"그래. 그렇긴 하지."

'리처드, 솔직히 겁이 나요. 이러다 날개에 충격을 받을까 봐……. 램프 옆에 강철봉 보이죠? 바람이 센 편인데 우리가 수면으로 완벽하게 접근하지 않으면 난 다칠지도 몰라요.'

"내가 완벽하게 접근 못 할 것 같아?"

침묵.

"그래. 다른 데서 착륙을 시도해 보자. 상황이 너무 안 좋으면 공항에 착륙해도 되고."

'고마워요.'

다른 선택지가 있다는 걸 내가 기억하고 있어 기뻐하는 눈치였다. 시레이가 수륙양용기여서 우리는 꼭 여기 착륙하지 않아도 되었다.

우리는 남쪽으로 2, 3킬로미터 정도 날아갔다. 그곳에는 조금 더 작은 호수가 있고 그 옆에 시레이 공장이 있었다. 그곳의 바람은 아직 많이 거세지 않았다. 저 아래 시레이를 만든 공장 건물들이 보였다. 여기서 내 시레이의 부품을 조립 키트 상자에 담아 첫 주인에게 보냈을 것이다.

"집에 오니 좋지?"

'기억이 안 나요. 흐릿해요. 그때 나는 부품이었거든요.'

"여긴 어때? 착륙할까?"

'여긴 모래사장이 없잖아요, 리처드.'

"램프 보여?"

'램프가 좁아요. 높기도 하고. 내가 떨어지기라도 하면……'

"우리는 할 수 있어."

공중에서 맴도는 동안 시레이는 침묵하다가 별안간 결심한 듯 말했다.

'우리는 할 수 있을 거예요.'

그 말을 들으니 기뻤다.

나는 스로틀을 풀어주며 말했다.

"수상 착륙을 하겠습니다." 나는 착륙 기어를 바라보며 말을 이었다. "좌측 바퀴 **올립니다.** 뒷바퀴 **올립니다.** 우측 바퀴 **올립니다. 수상** 착륙에 대비해 바퀴들을 모두 **올립니다.**" 나는 플랩 조종 스위치를 3.5초 동안 눌렀다. 하강하면서 속도를 늦추고 플랩을 확인했다. 연료 부스트 펌프를 **켰다.** "플랩 내리고, 부스트 펌프 켭니다. **수상** 착륙에 대비해 바퀴들을 모두 **올립니다.**"

뒤에서 프로펠러가 조용히 속삭였다. 나는 기수를 낮추고 선회하면서 호수를 내려다보았다. 호수가 우리에게 빠르게 다가오고 있었다. 나는 스스로에게 큰 소리로 말했다.

"수면으로 부드럽게 내려가, 리처드. 기수를 약간만 올려……."

내가 그렇게 조작했는지 아니면 바람이 조금 불어서 그런지, 시레이는 내가 원하는 것보다 빠르게 수면에 닿았고 허공으로 몇 센티 튀어 오르다가 다시 수면에 닿았다. 부드럽게 털털털 소리를 내며 보트처럼 천천히 물 위를 미끄러졌다.

우측 방향타를 돌리려고 힘을 주었다. 바람이 너무 세서 그런지 이 작은 수상비행기는 내 요구를 이행하지 못한 채 코를 좌측으로 틀고 회전하면서 서서히 멈췄다. 나는 비행기가 좌측으로 더 돌게 두다가 회전 가속도와 약간의 힘을 이용해 좌측 방향타를 추가로 작동시켰다. 이 방법이 통해서 우리는 바람을 타고 램프 쪽으로 향했다.

나는 마이크 버튼을 누르고 말했다.

"시레이 착륙했습니다."

잠시 후 목소리가 들렸다.

"……방금 착륙한 게 시레이?"

말이 끊어지긴 했지만 목소리가 들려 반가웠다.

"시레이 346 파파 에코. 문제없다면 램프로 가겠습니다."

무전기에서 목소리가 들렸다.

"램프가 좁은 편입니다. 힘이 많이 들 겁니다."

램프 앞쪽에서 손에 무전기를 든 사람이 나타났다.

시레이 제조사인 프로그레시브 에어로다인사의 회장 케리 리히터인 듯했다. 그는 내가 내일 오는 줄 알고 있었을 것이다. 그러니 난데없이 나타난 낯선 비행기의 주인이 누구인지 궁금하겠지. 우리가 누구든 램프 문제부터 해결해야 했다.

"이 정도 바람이라서 길고 곧게 진입하고 싶을 겁니다. 램프에 가까워지면 힘을 많이 주고 위로 올라가세요."

"양호."

(상대와 교신할 때 수신했으면 '수신 양호'라고 대답하면 된다. '수신 양호'를 줄여서 '양호'라고 하기도 한다. 지금은 여기에 관해 자세히 설명할 수가 없다. 우리가 램프를 향해 접근하기 시작했기 때문이다. 내 비행기는 내가 이런 바람 속에서 제대로 착륙 못 할까 봐, 그렇게 되면 자기가 6피트 아래로 추락해 다칠까 봐 전전긍긍했다.)

나는 바퀴를 낮추면서 동력 세팅과 방향타를 제대로 맞추기 위해 애썼다. 그래야 램프를 향해 곧장 진입할 수 있었다. 제대로 조종을 못 해서 비행기가 여기서 선회하면 그리 재미있지 않을 것이다.

30미터 전방에 물 위로 솟은 램프 강철봉이 보였다……. 이윽고 그 거리가 20미터로 좁혀졌다. 스로틀을 앞으로 밀자 시레이가 속도를 높였다. 바퀴가 물밑의 금속에 닿은 순간 나는 비행기에 동력을 더했다. 물 위로 살짝 뜨자 엔진이 우렁차게 포효하면서 바퀴와 기체에서 폭포처럼 물이 흘러내렸다. 눈앞에서 시레이는 지상 착륙을 시도하고 있었다. 램프 우측이 보이지 않아서 우측 바퀴는 알아서 하게 두고, 좌측 바퀴가 저 램프 왼쪽 가장자리에서 70센티미터 정도 거리를 유지하도록 신경 썼다.

시레이는 아무 말도 하지 않았다. 요란한 소리를 내며 경사면을 타고 올라가는 동안 시레이는 눈을 꼭 감은 채 숨도 쉬지 않았다.

그러다 갑자기 램프를 빠르게 내려가면서 평평한 주차 구역으로 향했다. 매일 연습 때마다 바람 부는 태양 아래서 늘 해왔듯이 나는 스로틀을 당기고 엔진을 공회전시켰다.

시레이가 길게 숨을 토하며 말했다.

'하느님이 당신을 사랑하나 봐요, 조종사 씨.'

우리 옆에는 다른 시레이 한 대가 자리하고 있었다. 대형 격납고 안에는 제작 중인 시레이가 열 대 이상 주차되어 있었다.

조립 중인 시레이도 있고, 비행 준비가 된 시레이도 보였다. 나는 엔진을 끄고 시레이가 빠르게 잠들도록 했다.

케리와 비행을 해본 지 거의 일 년 만이었다. 이 순간이 오기를 늘 막연히 바라긴 했다.

"안녕하세요, 리처드. 비행기가 참 아름답네요!" 케리는 내 비행기를 세밀하게 살피면서 좌석을 뒤로 밀고 그 안쪽을 확인했다. "멋져요. 짐 래트가 작업을 잘했네요. 좋은 비행기입니다."

기분 좋은 칭찬이었다. 나는 댄 니컨스에게 연락해 조금 일찍 도착했다고 말했다. 댄을 직접 만나본 적은 없지만, 그는 일 년 전에 나를 도와준 적 있었다. 바쁜데도 불구하고 시레이에 관한 내 질문에 몇 시간이나 대답을 해줬다. 그리고 나를 대신해 발카리아로 날아가, 내가 도착하기 전에 이 비행기를 점검해 주었다. 댄은 이 비행기가 잘 만들어졌으며, 가격 이상의 가치를 지니고 있다고 점검 결과를 말해주었다. 나는 드디어 댄을 직접 만나게 됐다.

몇 분 후 나타난 댄은 키가 크고 침착해 보이는 신사였다. 내가 고등학교 때 좋아했던 선생님을 떠올리게 하는 편안한 분위기를 지니고 있었다.

"드디어 오셨군요!" 댄이 비행기를 돌아보면서 날개를 쓰다듬었다. "이 비행기가 정말 마음에 드실 겁니다. 이미 이 비행기를 사랑하시는 것 같네요."

"그래요, 댄."

우리는 점심을 먹으며 얘기를 나눴다. 그리고 저녁 무렵에 나는 마운트 도라의 고즈넉하고 오래된 호텔에서 휴식을 취했다. 내일 아침 일찍부터 케리, 댄과 함께 비행하면서 시레이 고급 훈련을 받을 예정이었다.

오늘 이런 깨달음을 얻었다. **인생에서 모험을 원한다면 그 모험을 가능하게 할 사람은 바로 나뿐이라는 것.**

나쁜 소식?

좋은 소식과 나쁜 소식이 있다. 좋은 소식이 있으니까, 나쁜 소식이 있다는 말에 나처럼 식겁하지 않길 바란다. 오늘은 모든 게 순조로웠다. 오늘 나는 댄과 함께 수준 높은 비행 훈련을 받았는데, 나는 학습 곡선이 거의 수직을 그릴 정도로 훈련 내용을 빠르게 습득했다.

내가 거의 백 번쯤 듣고 다른 사람에게도 백 번쯤 하는 말이 있다. 시레이를 안전하고 멀쩡하게 몰고 싶으면 특별 교습을 받아야 한다는 것이다. 복잡한 훈련은 아니지만, 당신이 항공사 기장이라도, 이 작은 비행기가 아무리 만만해 보이더라도, 기분 좋은 장거리 비행을 하려면 반드시 시레이 관련 교습을 받아야 한다.

아, 어디서부터 얘기를 시작해야 할까? 오늘 아침. 시레이 공장으로 가는 길에 작은 플라스틱 병에 담긴 오렌지주스를 샀다. 아침 식사를 한 후에 목이 너무 말라서 계산대 앞까지 가면서 오렌지주스를 마셔버리고 말았다.

"1달러 59센트입니다."

"절반밖에 안 담겨있는데요."

점원은 미소를 지으며 내게 2달러를 받았다. 시레이를 밖으로 가지고 나오자 댄이 우측 좌석(부조종사와 교관의 자리)에 올라탔다. 시동을 걸기 전 고요함 속에서 댄이 말했다.

"비행 전에 할 얘기가 있습니다."

"예."

왜 이렇게 근엄한 분위기인지 의아했다.

"이게 당신 비행기라는 걸 내가 잘 인지하고 있다는 걸 알아주길 바랍니다. 당신이 확실히 요청하지 않는 한 나는 조종 장치에 손을 대지 않을 겁니다."

비행 교관한테서 이런 얘길 듣는 것도 처음이고, 내가 지금까지 누굴 가르치면서 이런 얘길 해본 적도 없었다. 이 사람의 성격이 어떤지를 보여주는 건가 싶었다. 이렇게 예의 바른 사람이라면 함께 비행하면서 좋은 시간을 보낼 수 있을 듯했다.

"예, 댄. 비행기가 뒤집혀서 나선형으로 강하할 지경일 경우 당신이 조종해 주시면 고맙겠습니다. 내가 조종하다가 잘 안 되면 당신이 '내가 조종할게요'라고 말하고 우리를 위기에서 구해주세요."

 댄은 굳은 표정으로 고개를 끄덕였다. 나중에 알고 보니 댄은 편하게 웃을 줄 알고 유머 감각도 있는 사람이었다. 그런데 이런 주제에 관해 애기할 때는 농담을 배제하는 모습이었다.

 "필요한 경우 당신이 내 조종을 허락한 것으로 알겠습니다."

 비행 교습에 나서기 전에 이런 말을 해야 할만한 과거사가 있었던 건가 싶었지만 나는 굳이 묻지 않았다.

 엔진을 켜고 예열하면서 우리는 천천히 램프를 따라 나아갔다……. 시레이는 곡예사처럼 편안하게 줄을 타고 무대로 내려가고 있었다.

 댄이 수상에서 엔진 출력을 높이라고 지시했다. 육상에서 이륙해도 될 텐데 왜 굳이 싶었지만, 생각해 보니 근처에 있는 다른 비행기들을 배려하는 것 같았다.

 "**수상** 이륙을 하겠습니다. 좌측 바퀴 **올리고**, 뒷바퀴 **올리고**, 우측 바퀴 **올립니다.** 바퀴를 모두 **올렸습니다.** 플랩은 20, 부스트 펌프를 켰고, 트림 조절했습니다. 이륙 준비됐습니까, 댄?"

 "언제든지요."

 스로틀을 앞으로 밀었다. 작은 수상비행기는 앞으로 돌진하다가 빠르게 날아올랐다. 나는 이륙 후 확인을 마쳤다.

 댄이 말했다.

 "엔진을 곱게 다루시네요. 그런데 저속으로 이동하면서 이륙할 때 프로펠러로 물이 들어오는 소리 들었습니까?"

나는 고개를 저었다. 거기까지는 신경을 미처 못 썼다.

"프로펠러에 물보라가 튀지 않도록 하려면 진행하면서 스로틀을 제때 밀어줘야 합니다. 부드럽지만 더 빠르게 해줘야 프로펠러에 무리가 안 가요."

물론 그럴 것이다. 나는 합당한 이유를 곁들인 설명을 들으면 잘 기억하는 편이었다.

몇 분 후 우리는 넓고 수심이 얕은 아폽카 호수 위를 날았다. 수심이 얕은 편이라 수면에 길고 하얀 바람의 흔적이 생겼는데 파도는 높지 않았다. 내 첫 수상 착륙이 무리 없이 이루어지자 댄이 말했다.

"이 단계를 마무리할 때 조종간을 당기거나 밀 필요 없습니다. 비행기가 원하는 대로 두면 돼요."

우리는 평화롭게 물 위를 떠갔고 엔진은 부드럽게 푸르르르 소리를 냈다.

"이번에는 시속 80킬로미터로 진행하면서 빠르게 역압을 넣어보세요. 조종간을 신속하게 당기면서 유지하세요. 비행기가 지면 효과로 부력을 받으면서 떠오르면 공중에서 속도를 높이세요. 수면에서 더 빨리 이륙할 수 있습니다."

'지면 효과'는 비행기가 날개 길이의 절반 미만 높이로 수면에서 떠올랐을 때 더 뚜렷하게 나타난다. 지면 효과를 활용하면 몇 킬로미터를 더 빠르고 길게 비행할 수 있다고 댄은 설명했다. 조나단 시걸(리처드 바크의 소설 《갈매기의 꿈(Jonathan Livingston

Seagull)》의 주인공 갈매기—옮긴이)이 훈련 초창기 때 같은 내용을 배운 게 기억났다. 내 삶이 조나단 시걸의 삶을 얼마나 따라가고 있는 걸까? 그렇게 많이는 아닐 것이다.

나는 지면 효과를 이용한 이륙을 시도했고, 생각처럼 잘되자 얼굴에 미소가 걸렸다. 처음이었는데 제대로 잘됐다. 댄이 말했다.

"이번에는 수면에 착륙한 뒤에 시도해 보죠. 속도를 시속 48킬로미터 정도로 늦추고 방향타를 세게 밟아 옆으로 미끄러지면서 빠르게 멈춰야 합니다. 날개를 수평으로 유지하세요."

꽤 공격적인 동작인 것 같았다. 지시받은 대로 속도를 늦추고 착륙을 시도하자 댄이 소리쳤다.

"미끄러져요! 미끄러지라고!"

나는 이를 악물고 좌측 방향타 페달을 세게 밟아 반대편 보조익과 날개의 수평을 맞췄다. 세상이 옆으로 빙 돌면서 미끄러지고 물보라가 날렸다. 우리는 즉시 멈추면서 부드럽게 앞으로 나아갔다. 댄이 설명했다.

"빨리 멈춰야 하는 상황에서 쓰는 방법입니다. 물론 거친 파도가 이는 수면에서는 이 방법을 안 쓰는 게 좋겠죠."

우리는 다시 훌쩍 뛰어 날아올라 티키 바 식당 근처에 있는 호수 쪽으로 향했다. 시레이는 착륙 후에도 힘이 남아돌아서 호숫가 근처의 얕은 물을 벗어나 물 쪽으로 내려갔다가 다시 마른 모래 위에서 멈췄다.

내가 엔진을 끄자 댄이 물었다.

"점심 먹을까요?"

우리는 모래사장에서 쉬고 있는 비행기의 아름다운 모습을 바라보면서 점심을 먹었다. 시레이는 활주로나 유도로(誘導路), 관제탑도 없이…… 모래 위에 오도카니 앉아있었다.

머리 위에서 선회하던 다른 시레이 한 대가 수면으로 내려오더니 천천히 떠가다 멀지 않은 곳에 멈춰 섰다. 댄이 말했다.

"특이한 상황은 아니에요. 당신이 호숫가에 비행기를 세우니, 다른 시레이가 그걸 보고 지상으로 내려온 거죠." 댄은 미소를 지으며 말을 이었다. "여기가 점심 먹기에 좋아서 인기가 많기는 합니다. 내려오라고 부르는 것 같잖아요. 저기 보이죠?" 댄이 한 곳을 가리켰다. "우리 같은 사람들을 위해 풍향계가 설치돼 있어요."

점심을 먹은 후 우리는 착

륙 연습을 하기 위해 부드러운 풀밭 활주로가 있는 작은 공항을 찾아냈다. 시레이는 완벽한 숙녀였다. 시골 지역에서 착륙과 이륙을 거듭하는 동안 한 번도 폴짝거리지 않았다. 세 번째 착륙을 완료한 후 댄은 이제 그만해도 되겠다고, 비행기에서 내리겠다고 말했다. 나는 댄 없이 홀로 이 비행기를 느끼며 이 착륙을 했고, 댄은 내 착륙 장면을 사진으로 찍어주었다.

시레이는 참으로 얌전했다. 세 바퀴가 동시에 바닥에 닿는 3점 착륙도 부드럽고 편안했다. 하늘을 날다가 지상으로 내려와서도 푸르른 들판을 물 흐르듯 유연하게 굴러갔다.

시레이를 완전히 멈춰 세운 후 댄을 다시 비행기에 태우고 날아올라 시레이 공장이 있는 호수를 향해 잠시 날아갔다. 나는 뭉게구름 아래서 양력을 받을 곳을 찾아보았다. 잠시 후 쿵 쉬익 하며 우리를 밀어 올리는 상승 온난 기류를 느낀 댄이 물었다.

"세일플레인(sailplane, 상승기류를 이용해 장거리를 나는 글라이더—옮긴이) 조종해 보신 적 있어요?"

"예전에요. 한 번 경험하면 잊을 수가 없죠."

그는 고개를 끄덕였다.

"엔진의 분당 회전수를 3,800으로 맞추고 글라이더 강하율을 적용하세요. 가끔 나는 이 방법으로 오후 내내 비행하곤 합니다. 연료를 전혀 쓰지 않고요."

우리는 잠시 상승 온난 기류를 찾아다니다가 양력을 받고 올라갔다. 우리 뒤에서 프로펠러가 조용히 휘이익 소리를 냈다. 내가 물었다.

"천천히 비행할까요?"

"좋습니다."

나는 조종간을 풀고 시레이의 속도를 시속 80, 70⋯⋯ 60킬로미터로 늦췄다. 댄이 물었다.

"이 비행기로 이륙하면서 실속을 경험해 본 적 있어요?"

나는 고개를 저었다.

"기수를 약간 높이면서 엔진 출력을 최대로 높이세요. 날개 실속 현상이 언제 시작되는지 말해주세요."

하라는 대로 했는데 시레이는 실속 현상을 보이지 않았다. 다른 비행기들과 달리, 지나치게 가파르게 상승했는데도 갑작스레 속도가 떨어지질 않았다. 대신 시속 48킬로미터를 유지하다가 분당 70미터 속도로 상승했다.

댄이 말했다.

"이 비행기의 경우 전출력으로 실속하려면 급실속을 해야 해요. 부드럽게 대하면서 기수를 약간 높이면 그 상태를 유지하면서 종일 상승기류를 탈 수 있죠."

오늘 경험한 모든 일들, 오늘 배운 지식 덕분에 이 작은 비행기가 더 좋아졌다. 알고 보니 많은 걸 할 줄 아는 비행기였다! 거의 두 시간을 꽉 채우고 훈련을 마무리한 후 해치를 열었다. 해치를 열고 수면에서 이륙하자, 호수의 차가운 물방울이 머리카락과 셔츠에 튀어 시원하고 재미있었다.

마침내 우리는 공장이 위치한 호수로 내려갔다. 비스듬히 내려가 램프에서 줄을 맞췄다. 속도를 늦추고 물밑에서 바퀴를 내리자 시레이는 램프에서 자리를 잡았다.

댄이 말했다.

"램프가 좀 좁네요. 나는 우측 바퀴가 보이는데 조종석에서는 안 보일 겁니다. ……램프를 내려갈 때 내가 조종할까요?"

어제 램프에서 모험했던 게 기억났다.

"그러시죠, 댄. 직접 조종해 주세요."

"예. 내가 조종하겠습니다."

댄은 이렇게 말하며 바퀴를 내렸다.

우리가 램프 쪽으로 향하는데 이상한 일이 일어났다. 얕은 물에서 바퀴가 모래톱에 닿으며 튀더니 한쪽 바퀴의 타이어가 램프 가장자리를 벗어났다. 시레이는 요동치다가 멈췄다. 댄이 설명했다.

"걱정 마세요. 내가 물로 내려가서 뒤로 밀어줄게요. 내 무게가 덜어지면 이 비행기도 좀 더 수월하게 올라갈 수 있을 겁니다."

조종석을 나간 댄이 얕은 물속으로 내려서자 시레이가 아까보다 약간 높게 떠올랐다. 댄이 우리를 뒤로 밀어주었다. 우리는 크게 회전하면서 램프를 향해 진입하기 시작했다. 우리 둘만 있게 되자 시레이가 다시 말을 걸었다.

'뭐 하는 거죠?' 내 머릿속에서 들려오는 시레이의 목소리는 사뭇 떨리고 있었다.

"램프로 진입하고 있어."

'너무 좁아서…… 이건…… 못 할 것 같아요…….'

"걱정 마. 어제도 해봤잖아."

'느낌이 안 좋아요.'

"우린 잘할 수 있어."

'다른 데로 가면 안 돼요? 호숫가로?'

"집에 다 왔어! 여긴 네가 만들어진 공장이잖아!"

'제발.'

"가자. 눈 감고 따라만 와. 30초도 안 돼서 격납고에 들어가 있게 될 거야."

시레이는 더 이상 말이 없었다.

뒤에서 불어오는 가벼운 바람을 맞으며 편안하게 램프로 다가갔다.

램프 아래까지 20미터쯤을 남겨두고 스로틀을 밀었다. 시레이는 출력을 올리며 금속 활주로를 올라갔다. 우측 바퀴가 램프에서 충분히 여유 공간을 확보할 수 있도록 주의하면서 램프

를 타고 올라갔다. 그 순간 좌측 바퀴가 반대편 가장자리 너머로 빠지는 느낌이 들었다.

우지끈 쿵, 소리가 들리면서 조종석이 흔들리고 비행기가 멈췄다.

즉시 엔진을 끄고 전기를 차단하기 위해 마스터 스위치를 내렸다.

"젠장!" 내가 한 짓이 믿어지지 않았다. "젠장, 리처드. 너 지금 이 비행기에게 무슨 짓을 한 거냐!"

엔진을 끄고 전기를 차단하자 작은 수상비행기는 아무것도 느끼지 못하는 상태가 됐다. 램프에 반만 걸친 채 기절한 기계에 불과했다. 댄이 즉시 비행기에 올라타며 말했다.

"걱정 마세요. 쉽게 고칠 수 있으니까. 우리가 위로 좀 올려주면……."

"아, 댄. 내가 너무 바보 같은 짓을……."

빌어먹을 멍청한 리처드. 왜 이렇게 모자란 짓을 한 거냐…….

"리처드, 진짜예요. 시레이에게는 별문제 안 됩니다! 이 비행기는 가벼워서 곧 다시 자기 발로 설 수 있어요!"

비행기를 램프에서 벗어나게 만든 일로 미친 듯이 자책해 봤자 소용없는 짓임을 나도 알고 있었다. 댄에게나 나에게, 그리고 무엇보다 나의 작은 시레이에게 아무 도움이 안 된다. 시레이는 비딱하게 기울어진 채 마취된 것처럼 곤히 잠들었다. 의아했다……. 내가 사고를 쳤는데 댄은 왜 허둥대지도 않을까? 내가 비행기를 망가뜨렸는데 어째서 차분하지? 문득 이런 말이 떠올랐다. 전화위복……. 하지만 당장 내 비행기가 망가진 것처럼 보여서 생각을 제대로 할 수가 없었다.

나는 내 시레이만큼이나 무너진 모습으로 조종석에서 내려갔다. 지금 시레이의 모습이 보기 좋진 않았는데, 실은 내가 더 처참한 모습이었다.

시레이의 바퀴가 램프에서 벗어나게 만들고 말았다. 시레이의 바퀴가 램프 옆 진흙에 30센티미터 정도 묻혀버렸다. 신이시여. 이 멍청한 놈이…… 이 비행기에게 무슨 짓을 저지른 거랍니까!

댄이 차분한 목소리로 말했다.

"그래도 플로트는 건진 것 같네요."

좌측 플로트는 진창에 처박혔고 스트럿은 휘고 부서졌다.

댄은 내가 무슨 생각을 하는지 짐작하는 듯, 크고 무거우며 값비싼 비행기의 세계에 함몰된 나를 끄집어냈다. 이게 기존에 타고 다니던 여느 수상비행기라면 나도 몇 주 수리할 생각만 했을 것이다.

"시레이를 갖게 돼서 기쁘지 않으세요?"

"물론 기뻐요, 댄. 하지만 지금 이렇게 돼서……."

"리처드, 잘 들어요. 당신은 이걸 엄청 큰일이라고 생각하는 것 같네요. 램프에서 미끄러져서 스트럿이 휘어진 게 전부인데 말입니다. 이건 별로 큰일이 아니에요!"

우리는 근처에서 길쭉한 나무판자를 찾아내 그걸로 비행기 아래를 받쳐서 바퀴를 다시 램프에 올려놓았다.

"내가 이 비행기를 다시 물로 밀어 넣을게요. 비행기의 방향을 돌린 다음 램프를 지나 격납고로 올려보내겠습니다. 내가 조종해도 괜찮겠어요?"

"그럴 리가요, 댄. 이럴수록 내가 직접 램프 위로 올려보내야죠."

그 와중에도 나는 뒤틀린 유머 감각을 발휘했다……. 지금 당장 이 램프를 다시 올라가는 건 생각도 하기 싫었다. 그런데 댄은 농담인 걸 모르는 모양이었다.

"네. 그렇게 하세요, 리처드. 여기서 빙 돌아서……."

"댄, 농담입니다. 당신이 해주세요!"

댄은 마음이 놓이는지 소리 내어 웃었다. 잠시 후 댄은 시레이의 동력을 켜고 물 밖으로 끄집어내 격납고로 올렸다. 이제 시레이는 자기를 설계한 엔지니어들의 보살핌을 받게 됐다.

그들은 몇 분 만에 스트럿을 교체했다. 댄이 말했다.

"이런 걸 우연이라고 말하는 사람들도 있고, 매사에 이유가 있다고 말하는 사람들도 있어요."

(이번 사고가 일어나지 않았으면 우리는 뒷바퀴를 점검하지 않았을 것이다. 뒷바퀴를 점검 안 했으면 그곳의 볼트 하나가 떨어지기 직전인 것도 몰랐겠지. 앞서 엉망진창으로 착륙하면서 그렇게 된 듯했다. 볼트가 빠졌어도 위험할 건 없지만, 뉴멕

시코주 한가운데서 그렇게 됐으면 불편하긴 했을 것이다.)

댄은 볼트를 조이며 말했다.

"망가진 스트럿을 교체한 비용은 23달러입니다."

어느 정도 경험이 있는 조종사라면 비행기 한 곳이 부서지거나 망가진 순간 소리만 듣고도 수리 비용이 대충 얼마일지 짐작할 수 있다. 내가 들은 우지끈하는 소리는 수리비 2,600달러짜리로 들렸다. 나의 시레이가 워낙 가볍고 단순한 비행기라 그에 따라 내 청력을 재조정해야 할 듯했다.

댄의 말대로 이건 큰일이 아니었다. 내가 멍청한 짓을 하긴 했지만 '빌어먹을'이라고 몇 번씩이나 욕할 일은 아니었다.

어쨌든 흥미진진한 하루였다. 해 질 무렵 댄이 나를 돌아보며 말했다.

"나는 내 시레이를 타고 시애틀에 갈 생각입니다. 당신도 조만간 그리로 갈 테니, 같이 비행해서 갈까요?"

오늘 이런 깨달음을 얻었다. **어떤 일이 일어나고 있을 때는 그게 나쁜 소식인지 좋은 소식인지 잘 구분되지 않는다. 나중에야 어느 쪽인지 알게 된다. 장기적으로 보면 다 좋은 일이다.**

비밀

    케리와 아침 9시에 만나기로 해서 아침 8시 30분에 아침거리를 사러 주유소 편의점에 들렀다. 우유를 사서 뚜껑을 따고 마셔보니 우유 맛이 아니었다. 그제야 '우유'라고 적혀있어야 할 자리에 바닐라라고 적혀있는 걸 알게 됐다. 더 길게 읽을 필요도 없이, 하얀색 병이고 우유병들 사이에 있다고 해서 반드시 우유인 것은 아니니까, 바닐라를 마시고 싶은 게 아니면 꼭 확인하라는 내용으로 공익 광고라도 해야겠다고 마음먹었다.

    일찍 도착한 나는 풀밭을 가로질러 어제 고초를 겪었던 악마의 램프 쪽으로 걸어갔다. 어제 잠시 슬픔에 빠졌다가 영원한 축복을 받은 바로 그 진창에 우리가 남긴 흔적이 고스란히 남아있었다. 앞으로 억만 년 후, 돌로 변한 이 흔적은 게르빌루

스쥐가 지구의 우세종이 되기 전, 지구에 두 발로 걷는 우세종이 살았던 증거가 되지 않을까.

하늘에서 쌔애액 소리가 들려 올려다보았다. 댄 니컨스의 시레이였다. 고요한 아침이라 이 비행기가 얼마나 조용히 날 수 있는지 처음 알게 됐다. 그의 비행기는 높은 곳에서 부드러운 곡선을 그리며 공중에 떠다니다가 잔물결이 이는 호수 표면에 깃털처럼 가볍고 조용히 내려앉았다.

댄이 지옥의 램프를 향해 천천히 다가갔다. 그의 비행기의 좌측 날개는 호수 수면에서 살짝 뜬 채로 나아가고 있었다.

20미터 정도 가다가 엔진 출력을 높이자 시레이의 기수에서 하얀 물살이 일었다. 댄과 그의 비행기는 죽음의 램프를 향해 나아갔다. 좌측 플로트가 진창 위를 아슬아슬하게 스치듯 지나가면서 눈처럼 새하얀 표면에 검은 진흙이 튀었다.

비행기의 어떤 부분이 휘어지거나 부서지지 않았는데도 그 모습을 보며 나도 모르게 움찔했다.

댄이 시동을 끄고 비행기에서 내릴 때쯤 케리가 도착했다.

뻘쭘했지만 누군가는 먼저 입을 열어야 했다.

"케리? 댄? 나는 뜨거운 물이 담긴 다른 냄비에서 있다가 온 개구리입니다. 그래서인지 여러분의 눈에는 안 보이지만 서서히 진행 중인 어떤 현상이 내 눈에 띄네요. 호수의 수심이 매일 0.6센티미터씩 낮아지고 있는 것 같아요. 댄이 최고의 실력을 가진 조종사인데도 램프를 올라갈 때 진창에 날개 플로트가 살짝 스치는데 그러면 안 되잖습니까!"

케리는 고개를 끄덕였다.

"조치를 취하긴 해야겠어요. 램프를 넓히든지. 그러려면 이틀 정도 시간이 소요될 텐데……."

수상비행기 제조 회사의 회장답게 이틀씩이나 물에서 시간을 보내기 아까워하는 말투였다.

잠시 후 케리는 내 비행기의 우측 좌석에 올라탔다. 나는 엔진 시동을 켜고 악마의 램프를 서서히 내려갔다. 수상비행기의 우측 플로트가 어쩔 수 없이 진창 위를 살짝 스쳤다.

댄은 저만치 앞에서 가고 있었다. 두 대의 수상비행기가 오리처럼 나란히 느긋하게 나아가면서 물 위에서 선회했다. 그러다 두 개의 구름 덩어리처럼 하얀 물보라를 날리며 날아올라 남쪽을 향해 들판 위를 날아갔다. 케리가 비행기를 조종했고 댄이 우리에게 그림자를 드리우며 위에서 날아갔다. 그야말로 장관이었다.

우리는 그렇게 훈련지로 날아갔다.

올랜도 북부 지역의 동서쪽에 콘크리트 활주로가 있었다.

남쪽에서 완벽한 옆바람이 불어왔다. 나는 시레이와 드디어 친구가 되어가는 중이고, 자신감이 충만해서 옆바람을 타고 단단한 콘크리트 지면에 착륙하는 것쯤은 별로 두렵지 않았다. 내가 활주로에 관해서는 별로 까다롭지 않은 편이라, 우리는 양방향으로 착륙을 시도해 보았다. 숙녀 그 자체인 나의 작은 비행기는 지면에 착륙할 때마다 이상 없이 부드럽게 굴러갔다.

케리는 착륙 시 겁을 먹는 훈련생에게 워낙 단련된 사람이었다. 이 시점에서 훈련생은 뒷바퀴가 비스듬하게 위치하지 않으면 조종사가 뭘 어떻게 해야 할까, 라는 의문을 품게 마련이다. 케리가 내게 물었다.

"비행기 상태가 좋아진 것 같습니까?"

나는 잠시 미소를 멈추고 대답했다.

"훨씬 낫네요!"

우리는 수상 착륙 연습을 하러 남쪽으로 날아갔다. 케리는 시레이 가족이라 불리는 시레이 조종사들 사이에서 최고의 조종사로 명성을 떨치고 있었다……. 나는 지난 오십 년 동안 140개에 달하는 다양한 비행기를 몰아봤는데, 케리는 이 기종 하나만으로 나와 비슷한 비행시간을 보유하고 있었다. 그는 다른 수상비행기로는 죽을 수도 있는 상황에서 시레이를 타면 살아남을 수 있도록 비행기를 설계했다.

우리는 물에 가볍게 내려앉아 제트스키를 타듯 고속으로 나아갔다. 내가 비명을 지르기도 전에 케리는 조종간을 앞으로 쭉 밀었다.

기수가 물밑으로 확 잠기면서 전면 유리와 덮개가 부서져 날아가고 비행기는 뒤집혀 박살 날 줄 알았다. 그렇게 됐다면 우리는 거꾸로 매달린 채 부서진 기체에서 가까스로 빠져나가야 할 것이다. 예상과 달리 비행기는 위아래로 까딱거리면서

빠르게 나아갔다. 조종간을 중립에 놓자 비로소 덜걱거림이 멈췄다. 오늘 내 교관이 되어준 케리는 C 모델 기체의 유체역학과 관련해 그 이유를 설명해 줬는데, 대부분 기술적인 내용이라 잘 기억이 안 난다. 다만 거의 죽을뻔한 상황에서 아무렇지 않게 착륙했다는 것만 인지했다.

우리는 10분 동안 드넓은 호수 표면을 미끄러지듯 나아갔다. 슬랄롬 경기처럼 뒤로 하얀 물보라 자국이 남았다. 그는 스텝턴 하듯 짧게 선회하면서 말했다.

"지금처럼 선회하면서 기수를 낮추고 힘을 줘요······. 앞으로 쭉 가면서 힘을 주면······ 용골을 물에 담근 상태로 얼마나 더 좁게 선회할 수 있을까요? 이제 기수를 약간 들어 올리고······

얕은 물에서 선회해 보죠."

예전에는 조종간을 앞으로 밀 때 별로 겁이 나지 않았는데 지금은 선회율을 꼼꼼히 확인하면서 조종간을 천천히 움직였다. 작은 비행기가 고속으로 선회하는 모습은 거의 장관이었다.

한 시간 정도 호수에서 훈련한 후 우리는 이 비행기의 습관에 관해 잡담을 나누며 집으로 향했다. 공장이 있는 작은 호수에서 선회하다가 좁은 축으로 착륙했다. 처음에는 건너편 호숫가가 바짝 가까이에 있는 상태에서 빠르게 접근하며 착륙하는 것이 이상하게 느껴졌다. 눈에 보이는 것 때문에 겁을 먹지 않는다면 시레이로 여유롭게 착륙할 수 있다는 사실을 깨달았다. 나는 수평을 유지했고 시레이는 부드럽게 수면으로 내려가 걸어가듯 천천히 나아갔다.

절망의 램프로 향하면서 마음이 편치 않았다. 케리는 그걸 알아채고 공장 근처 물가의 잡초 쪽으로 우리를 유도했다. 마침내 케리는 어깨 하네스를 풀고 물가에 내려섰다.

"고맙습니다, 케리!"

내가 얼마나 진심으로 고마워하는지 케리는 아마 모를 것이다. 그는 별일 아니라는 듯 미소 지으며 손을 흔들었다.

그는 이 일을 무수히 해왔을 것이다. 초보 한 명을 훈련시켜 오랜 두려움을 바다 깊숙한 곳으로 밀어 넣게 하고 환호하며 하늘로 날아오르게 만드는 일 말이다.

시레이는 호수 수면을 따라 노래하다가 기분 좋게 날아올랐다. 공장 상공에서 반 바퀴 빙 도는데 500피트(약 150미터) 아래 지상에서 손을 흔드는 케리 리히터가 보였다. 곧 케리도, 공장도 뒤쪽 지평선 너머로 사라졌다. 한 사람이 그의 아이디어와 공학 기술, 디자인으로 얼마나 많은 이들의 삶을 바꿀 수 있을까?

'우리에게도 삶이 있다는 거 잊지 말아요. 저분이 아니었으면 난 하늘을 날 수 없었어요.'

시레이는 자기가 한 말이 내 마음에 바로 떠오르자 놀란 모양이었다. 요즘 나는 자주 다른 비행사와 함께 비행 훈련을 받았다. 그런데 이 비행기는 나와 단둘이 있을 때만 내게 말을 걸었다. 어쩔 수 없이 비행기와 둘뿐이구나, 하고 느낄 때 말이다. 우리는 하늘을 날기 위해 서로가 필요했고 그런 필요 때문에 인간과 기계 사이에 유대감이 피어났다.

"너랑 허물없이 지내고 싶긴 한데 너무 서두르는 건 아닌지 모르겠어. 그래도 너랑 나한테 이제는…… 그게 좀 필요할 것 같은데……."

'나한테 이름이 필요하다는 거죠, 리처드?'

나는 싱긋 웃었다.

"맞아."

어린 비행기는 기뻐하며 잠시 침묵했다.

'퍼프. 퍼프라고 불러줘요. 난 여기 있다가 곧 사라지는 작은 구름 같아요. 알고는 있지만 기억이 가물가물해서 아쉬운 멜로디 같은 비행기니까. 작고 가느다란 구름 한 줄기라서 당신만

나를 볼 수 있어요. 아무도 믿지 않지만 나도 생명이 있는 존재예요.'

해치를 열어놓은 조종석 위로 잔잔한 천둥처럼 바람 소리가 들려오는 가운데 나는 나지막하게 말했다.

"안녕, 퍼프."

오늘 나는 이런 교훈을 얻었다. **지구에서 밝고 사랑스러운 시간을 보내고 싶은가? 자유로이 상상의 나래를 펴고, 그 상상력으로 산도 뛰어넘을 수 있음을 믿자.**

거친 물결에 착륙하고
다시없을 폭풍우에 대비하며

오늘 아침에는 별다른 일정이 없어서 해가 뜨자마자 퍼프에게 인사하러 갔다. 우선 단순한 주차 브레이크를 만들고, 버클 때문에 번거롭지 않도록 안전벨트를 고쳤다. 그 외에도 연장 세트와 현수막을 새로 할 때 쓸 라벨기, 노이즈 캔슬링 헤드폰용 배터리, 보조익 손질 때 쓸 가벼운 밧줄을 철물점에서 구매하는 등…… 퍼프를 내게, 나를 퍼프에게 잘 맞추기 위해 몇 시간을 들였다.

오전 내내 바람 한 점 없다가, 비행하려고 마음먹은 오후가 되자 바람이 조금씩 불기 시작했다. 오후 2시가 넘었을 때 우리는 호숫가를 느긋하게 굴러 호수로 진입했다. 밑에서 떠받치는 힘이 바퀴에서 기체로 옮겨가면서 퍼프는 보트가 됐다.

바퀴를 집어넣고 엔진을 예열했다. 우리는 호수 끄트머리에서 바람을 타고 나아갔다. 파도가 조금씩 일기 시작했다. 퍼프는 옆바람을 받으며 기분 좋게 순항했다. 파도가 일어 조종석으로 가끔 물방울이 튀었다. 해치를 열고 나아갈 때 바람의 느낌이 너무 좋아서 해치를 닫고 싶지 않았다.

오늘은 연료를 많이 넣지 않았다. 8갤런 정도 연료 탱크에 넣었는데 이 정도면 두 시간가량 비행할 수 있었다. 평소 나는 한 시간 정도 비행이 가능한 연료를 남겨두고 착륙하는 편이었다. 예비 연료까지 다 쓰는 경우는 드물었다. 마음의 평화를 위해 그렇게 하는데, 아마 다른 조종사들도 마찬가지일 것이다.

(지금 보니 내가 여러분을 항공 애호가로 만들려 하는 것 같다. "……연료를 가볍게 싣고, 바람 속도는 40으로 하는 게 좋다. 조종사에게 가장 쓸모없는 네 가지는 고도 욕심, 이미 떠나온 활주로, 주유 트럭에 실린 연료, 그리고 방금 전이다." 여러분이 이런 얘기를 듣고 싶어서 이 책을 산 건 아니겠지만 그냥 공짜로 알려드리고 싶다.)

스로틀을 앞으로 밀자 퍼프는 9초 만에 날아올랐다. (스로틀을 빠르게 밀었습니다, 댄…… 그렇게 해야 프로펠러에 물이 안 들어온다고 당신이 알려줘서 수상 이륙을 할 때 꾸물거리지 않고 스로틀을 앞으로 쭉 밀었어요.)

퍼프는 약간 놀란 것 같았는데 몇 분 지나자 호수에 그려진 바람 자국을 내려다보며 말했다. 내가 오늘의 연습 비행을 위해 고른 호수였다.

'착륙 안 해요?'

"당연히 착륙해야지, 퍼프. 거친 물결에서 착륙 연습을 할 거야."

'내가 아주 죽기를 바라나 봐요?'

우리가 또 어디 부딪쳐서 부품을 망가뜨릴 것인지 묻는 것이다. 비행기들은 이런 식으로 '신랄한 농담'을 하는 모양이다.

"이건 일반적인 절차야, 퍼프. 거친 물결에서 착륙하기라는 항목이 있어. 기억나지?"

'아뇨.'

나는 착륙 확인 절차를 소리 내어 말했다.

"수상 착륙하겠습니다. 좌측 바퀴 **올리고**, 뒷바퀴 **올리고**, 우측 바퀴 **올립니다**. 수상 착륙에 대비해 모든 바퀴를 **올립니다**. 부스트 펌프 켜고 플랩은 20에 맞춥니다."

퍼프는 투덜거리지 않았지만, 지난번 절망의 램프에서 충돌 사고를 겪은 후라 내 비행 기술을 신중하게 판단하려는 것 같았다. 우리는 마지막 진입을 위해 미끄러져 내려갔다. 파란색과 보라색으로 물든 수면에, 경고하듯 바람을 타고 하얀 파도가 여기저기 일었다.

나는 정상 착륙을 시도했다. 첫 파도에 닿기 전에 퍼프는 내가 착륙을 망칠 걸 알아챈 것 같았다. 퍼프는 아무 말도 하지 않지만 착륙의 충격에 몸이 굳어진 것 같았다. 시속 88킬로미터로 내려왔으니 콘크리트 지면에 떨어지는 것 같은 느낌을 받았을 것이다. 우리는 첫 파도에 닿았다가 한 번, 두 번, 세 번 튀어 올랐다. 세 번째에 확 높게 튀어 올라서 나는 동력을 넣어 다시 날아올랐다.

'거친 물결 착륙이라는 게 이런 거예요? 가만히 내려가는 게 아니라 마구 튀어 오르는 게 정상 착륙이라고요?'

"미안, 퍼프. 이렇게 거칠 줄 몰랐어. **이제** 진짜 제대로 거친 물결 착륙을 해보자. **수상** 착륙을 시도하겠습니다. 좌측 바퀴 **올리고**……."

'앞으로 우리는 이렇게 살게 되는 거죠? 당신이랑 나는 한계를 밀어붙이면서 영원히 이렇게 살아야 해요?'

나는 별다른 계획이나 희망 없이 그냥 살아가는 사람이다. 퍼프는 우리 앞에 어떤 미래가 펼쳐질지 궁금한 모양이었다. 자기는 그걸 물을 자격이 있다고 느끼는 듯했다. 웃자고 한 소리가 아닌데 내가 미소만 짓고 있자 의아해하는 눈치였다.

"이 정도로 한계까지 밀어붙인다고 볼 수는 없어, 퍼프."

우리는 방향을 바꾸면서 마지막으로 바람을 향해 진입했다. 이제 나는 정상 착륙과 거친 물결 착륙 간의 차이를 명확히 알았다. 퍼프를 물에 차분하게, 아주 천천히 진입하게 하자 재차 튀어 오르는 현상도 나타나지 않았다.

속도를 줄였더니 물살도 부드러워져서 퍼프는 물을 한 번 튀겼다가 차분히 내려앉았다. 바람을 타고 날면서 물결에 닿았을 때 속도가 시속 48킬로미터를 넘지 않았다.

'아까보다 낫네요. 이 정도면 비행 솜씨가 좋은 것 같아요……'

"고마워, 퍼프."

'……그래도 그 솜씨를 자꾸 발휘할 생각은 말아요.'

이 비행기는 거짓말을 할 줄 몰랐다.

스로틀을 앞으로 쭉 밀자 우리는 몇 초 만에 공중으로 날아올랐다.

우리는 동작이 몸에 익어 편해질 때까지 대여섯 번 더 착륙 연습을 했다. 오늘 이 호수에서 경험하는 것보다 더 거친 날씨에도 우리가 잘 해낼 수 있겠다는 생각이 들었다.

전출력으로 상승했다. 기수를 약간 들어서 실속 없이 빠르게 상승하도록 했는데, 이것이 바로 시레이 특유의 비행 모드였다.

좌측 다이얼과 대기속도 표시기를 보니 현재 비행 속도는 시속 26킬로미터였다. 어쩌면 실제로는 시속 26킬로미터가 아닐 수도 있었다. 상승 각도가 워낙 어마어마해서 장비에 에러가 난 것인지도 몰랐다.

우리는 속도를 바람에 맞추고 수평을 유지하며 집으로 돌아갔다. 날씨가 따뜻해서 해치를 열어놓고 비행한 터라 착륙하면서 셔츠로 날아드는 물방울이 시원하고 좋았다.

호수에 이는 파도는 그리 거칠지 않았다. 저 아래에 커밋 윅스의 항공기 컬렉션이 보관된 '비행 판타지(Fantasy of Flight)' 항공박물관이 보였다. 그곳에 세워진 활기 넘치는 복엽기에 승객들이 올라타고 있었다.

"지금부터 **수상** 착륙을 하겠습니다……."

잔물결에 내려앉는 정상 착륙이었다. 부드럽게 수면에 닿으면서 힘을 높인 퍼프는 호숫가를 향해 쾌속정처럼 달려갔다.

호숫가에 거의 다 와서 속도를 늦추고, 모래사장을 서서히 올라갈 수 있도록 바퀴를 내리면 된다.

'당신한테 익숙해지고 있어요. 어제는 램프에 내려서지 않게 해줘서 고마워요. 거기서 봉변을 겪어서 당신도 램프가 무서웠나 보네요.'

"아, 별로 무섭진 않았는데."

'무서웠잖아요.'

호숫가가 한층 가까워졌다.

'우린 잘 지낼 수 있을 것 같아요, 그렇죠?'

"호숫가에 다 왔으니 바퀴를 내리자." 나는 이렇게 말하며 미소 지었다. "우리는 잘 지낼 수 있을 거야, 퍼프."

바퀴가 물밑 모래에 닿자 스로틀을 앞으로 밀었다. 퍼프는 바다에서 태어나는 비너스 여신처럼 위로 올라갔다. 물에 있을 때보다 지상에서 키가 더 커진 것처럼 느껴졌다. 퍼프는 자기 마크가 있는 곳에서 한 바퀴 돌아 멈춰 섰다. 잠시 후 나는 시동을 껐다. 나는 속으로 정말 대단한 비행기라고 감탄했다.

컴퓨터에 따르면 오늘 밤에는 천둥 번개를 동반한 비가 내릴 거라고 했다. 폭풍우가 칠 모양이었다.

나는 퍼프의 날개와 꼬리를 밧줄로 세 번 묶어 지상에 고정했다. 조종석을 덮개로 덮고 엔진을 방수포로 감쌌다. 이 정도면 무사할 것이다. 여기는 폭풍우도 그렇고 큰 우박이 내릴 일도 많지 않은 곳이니까.

오늘 나는 이런 깨달음을 얻었다. **어떤 힘에 잘못 휩쓸리면 우리의 외면이 망가질 수 있다. 하지만 우리의 본질인 영원불멸한 영혼을 죽일 수 있는 힘은 어디에도 없다.**

11

다른 가족들

시레이를 타고 처음 곡예비행을 한 지 일 년이 지났다. 올해에는 고심 끝에 퍼프와 둘이 시레이 스플래시 인 행사에 참여하기로 했다.

바람과 폭풍우에 단단히 대비하긴 했는데 날씨가 어떨지는 알 수 없었다. 북쪽과 남쪽으로 폭풍우가 지나가면서 밤새 빗방울을 약간 뿌려놓았다. 아무리 준비를 잘했다고 해도 폭풍우에 휘말려 박살 나느니 폭풍우를 만나지 않는 편이 백번 나았다.

우리는 새벽녘 동쪽 하늘을 바라보면서 날씨를 가늠해 보았다. 부디 오늘은 푸른 하늘과 푸른 물을 만날 수 있기를 바라며 다른 시레이 열두 대에게 자기소개할 준비를 했다.

그런데 막상 가서 보니 시레이 열두 대가 아니라 열여덟 대가 소풍을 나와있었다. 다들 퍼프에게 다정하게 말을 걸어주었다.

"정말 예쁜 비행기네요!"

"짐 래트 씨가 만든 거 맞죠? 그분 정말 잘 만들지 않아요?"

얼마 후 우리는 하늘로 날아올랐다. 이륙하기 2분 전에 찍은 사진인데, 하늘에 구름 모양으로 퍼프의 이름이 떠있을 것 같은 날씨였다. 자세히 보면 '퍼프(PUFF)'처럼 보이기도 한다.

덕분에 퍼프와 그림자, 우리의 미래가 함께 포착된 사진을 얻게 됐다. 결국 우리는 미 대륙을 가로지르며 5,310킬로미터를 함께 날았다.

인내심, 강인함, 믿음. 오늘 나는 이런 깨달음을 얻었다. **우리가 비현실 같은 행성에서 가짜 삶을 살아가는 것 같지만, 생각을 현실로 만드는 게 가능하다는 것을 알면 꿈을 이룰 수 있다.**

퍼프를 위한 여행 1부

오늘 아침 10시 30분에 댄이 나를 호출했다. 나는 비행에 대비해 퍼프의 케이블과 잠금장치, 엔진, 프로펠러 상태를 확인하는 중이었다.

"에어쇼를 할 수도 있고 그냥 비행할 수도 있겠죠. 나는 그냥 비행할 생각입니다."

멋진 초대의 말이라 응하지 않을 수 없었다. 댄이 계속해서 말했다.

"세인트존스강 남쪽 지역을 보여주고 싶어요. 연료를 채우고 올 테니 이따가 한 시간 후에 같이 날아봅시다."

정확히 한 시간 후, 나는 댄과 대열을 맞춰 동쪽으로 날았다. 나도 그렇고 퍼프도 강에서 비행하는 건 처음이었다. 댄은 애초에 우리에게 강을 보여주려는 게 목적이 아니었다. 그는 우리가 국토 횡단 비행을 할 준비가 되었는지 알고 싶은 거였다.

댄과 그의 비행기 220WT(우리 조종사들은 WT를 위스키 탱고(Whisky Tango)라고 부른다)는 100피트(약 30미터) 미만의 고도에서 몇 시간이나 날아봤을까. 어쩌면 10피트 미만 고도로도 날아봤을지 모른다. 퍼프는 오늘 처음 그 정도로 고도를 낮춰 비행해 보았다. 퍼프 입장에서는 완전히 새로운 삶을 경험하는 거였다. 낮은 고도에서도 충돌하지 않고 쭉쭉 날고 있는 퍼프의 작은 심장이 행복으로 채워져 빠르게 뛰었다.

몇 시간째 수 킬로미터를 날고 나서 댄이 무전기로 말했다.

"슬슬 배가 고프네요. 잠깐 내려서 점심 먹을까요?"

"알겠습니다."

조종사들은 단순히 '네'라고 대답해서는 안 된다. 무전기를 통해 소리가 왜곡되어 '아뇨'나 '몰라요'로 들릴 수도 있기 때문이다. 따라서 '네' 대신 '알겠습니다'라고 대답해야 한다.

나는 그가 선회하다가 강에 착륙하는 모습을 위에서 내려다보았다. 점심도 팔고 수상비행기도 태워주는 식당에서 그리 멀지 않은 곳이었다. 강에 착륙해서 비행기를 완전히 멈추고 그곳에 세워두는 건 처음 해보는 일이었다. 바람이 잔잔하고 수면도 매끄러웠다. 우리가 점심을 먹는 동안 퍼프는 혼자 강에 남겨지는 걸 불안해하는 눈치였지만, 댄은 이런 착륙을 천 번도 넘게 해보았을 것이다.

"사람들은 비행기에 함부로 다가오지 않아요." 댄은 이렇게 말한 후 다시 고쳐 말했다. "다만 아홉 살짜리 남자애들은 조심해야 합니다. 그 녀석들은 비행기의 조종 장치와 스위치를 건드리는 걸 좋아하거든요."

조심해!

장난 좀 쳐봤다. 비행하면서 온갖 종류의 악어들을 봤는데, 이런 사진이 찍힐 만큼 가까이 온 녀석은 없었다.

우리는 점심을 먹고 다시 날아올랐다. 비행하다가 한 번 더 강에 착륙했는데 주변에는 아무도 없었다.

몇 시간 동안 함께 비행하다 보니 신뢰가 쌓였다. 퍼프와 220WT도 많이 친해진 듯했다. 220WT의 이름은 제니퍼였다.

내일은 비행 판타지 항공박물관이 있는 호수에서 대규모 스플래시 인 행사가 열린다. 퍼프도 참석할 예정이고, 나도 당연히 참석한다.

오늘 퍼프 녀석과 나는 한 번도 가본 적 없는 곳을 다니면서 빠르게 지식과 기술을 흡수했다.

　그리고 이런 깨달음을 얻었다. **이번에 우리가 무엇을 배울지 걱정하지 말자. 세상에서 우리가 제일 좋아하는 일을 쫓아다니다 보면 자연스럽게 알게 될 것이다.**

　퍼프와 나는 이번에 우리를 데리고 다니며 비행을 가르쳐 준 댄에게 감사드린다! 그는 네 시간 동안 비행을 함께하며 무료 강습을 해줬을 뿐 아니라 점심까지 사줬다!

13

퍼프를 위한 여행 2부

 퍼프는 내가 자기를 '퍼프 녀석'이라고 부르는 걸 별로 좋아하지 않았다. 거칠고 조심성 없으며 무심하고 가볍고 너무 격식이 없다고, 자기를 존중하지도 않고 멋지거나 고급스럽지도 않은 호칭이라 느끼는 듯했다. 내가 그토록 다정하고 사려 깊게 대해줬건만, 내가 자기의 영혼을 배려하지 않는다고까지 여기는 것 같았다. 어젯밤에 그것 때문에 잠을 설쳐서, 이 자리를 빌려 사과하고자 한다. 미안하다, 퍼프. 앞으로 다시는 퍼프 녀석이라고 부르지 않을게.

 퍼프를 앞으로 어떻게 불러야 할지 천천히 생각해 보고 있다……. 조종사들은 자기 비행기에게 보통 여성적인 이름을 붙이는데, 나는 이토록 여성성 넘치는 비행기를 몰아본 게 처음이었다.

어제 비행하면서 찍은 사진을 여러분에게 보여주고 싶다. 댄은 시레이를 타고 플로리다로 비행 온 게 몇 년 만이라 그도 퍼프와 나만큼이나 이 여행을 즐겼다.

드넓은 벌판에서 꼬마 퍼프.

엄청난 황무지!

외로운 모래사장.

댄과 제니퍼는 (악어가 있는 곳에서 그리 멀지 않은) 물에 착륙했지만, 퍼프는 아직 그들에게 합류할 준비가 되어있지 않았다.

드디어 우아한 강물에 착륙한 퍼프.

황무지를 지나 문명사회로 돌아오니 기분이 묘했다.

집으로 출발. 퍼프는 이 사진을 마음에 들어 했다.
퍼프는 댄을 지명 사진사로 삼고 싶어 하는 것 같다.

    댄은 제니퍼를 타고 앞서가면서 뒤를 돌아보며 사진을 찍어주었다. 지금껏 몰랐던 세상을 처음으로 보게 된 퍼프의 모습이 사진에 담겼다.

14

I·A·M F·L·Y·I·N·G

내일을 생각하며

이 비행에 대해서는 뭐라고 말해야 할까?

"!!"

댄 니컨스를 만나 얘기를 나눠본 사람은 그가 사려 깊고 정중하며 시레이에 관한 지식은 물론이고 지질학, 화학, 법학 등 다양한 분야에 해박한 사람이라는 인상을 받을 것이다. 가죽 장정본 책들, 벽에 걸린 철학자들의 초상화에 둘러싸인 조용한 클럽에서 만나면 반가울 사람. 한마디로 '신사'였다. 이 정도면 어떤 사람인지 짐작이 갈 것이다.

오늘 아침 하늘에서 시레이 제니퍼를 탄 댄을 만났다. 그는 북쪽 지평선에 작은 점처럼 떠서 날고 있었다. 남쪽에서 날아오른 퍼프와 나는 그 점이 점점 커지다 날개가 되는 모습을 바라보았다. 댄이 무전으로 말했다.

"위스키 탱고가 당신을 보고 있습니다."

"파파 에코, 수신 양호."

셋을 세는 동안 우리는 교차하며 날았고 퍼프와 나는 제니퍼의 좌측 날개 밑에 자리 잡았다. 30미터 정도 떨어진 거리였다. 댄은 역시 '신사'였다.

우리는 플로리다 황무지 위를 32킬로미터 정도 비행했다. 제니퍼가 플로리다 중부 지역의 버려진 호수 중 한 곳으로 기수를 낮추자 퍼프는 충성스러운 숙녀처럼 그 뒤를 따랐다.

댄은 잔물결 위에서 15~60센티미터 간격을 두고 수평으로, 편안한 순항 고도인 양 날았다. 수면을 스치듯 날아가는 그의 수상비행기, 햇살을 받아 반짝이는 수면과 곡선 유리는 숨 막히게 아름다웠다.

호수에 인 파도 위에서 20센티미터 간격을 두고 시속 120킬로미터로 비행하는 것을 보니, 4만 피트(약 12,000미터) 상공에서 음속의 두 배로 비행하는 일이 마치 접착제로 가득한 통에서 수영하는 것처럼 쉽게 느껴졌다. 날개에서 아래로 미는 공기의 흔적이 수면에 검은 줄처럼 남았다. 댄은 한 번씩 제니퍼의 기체를 낮춰서 수면에 용골을 담가 얼음 조각 같은 물보라를 일으키게 했다. 자로 잰 듯 지독하게 정밀한 비행이었다. 3피트(약 1미터)의 고도 변화에도 민감한 퍼프의 관점에서는 말도 안 되게 아름다운 광경이었을 것이다.

육상비행기가 수면에 그렇게 바짝 내려와 비행했다면 어리석고 위험한 짓이었을 것이다……. 육상비행기의 엔진이 갑자기 멈추면 여러분은 어디에 착륙해야 할까? 물이다! 같은 고도에서 날던 수상비행기의 엔진이 멈추면 어디에 착륙해야 할까? 물이다! (이는 수상비행기 조종사들이 즐겨 하는 농담이다. 그들은 어떤 비행기든 비상시에는 수상 착륙을 해야 한다고 말한다. 수상비행기는 그런 식의 착륙을 좀 더 자주 할 뿐이다.)

　저 앞에 호숫가가 보였다. 고도를 수백 피트 정도로 우아하게 높이며 날아오른 제니퍼와 댄은 운하처럼 생긴 키시미강을 따라, 고요한 바다처럼 펼쳐진 야생 팔메토와 에메랄드색 초원을 가로질러 곧장 날아갔다.

　운하를 따라 뻗어있는 활주로가 보였다! 풀밭 옆에 자리한 하얀 모래밭인데, 자동차 한 대 정도의 폭이었다. ……알고 보니 실제로 자동차들이 오가는 길이었다. 제니퍼는 그 좁은 모래밭을 활주로로 삼아 바퀴를 내렸다. 무전기에서 댄의 목소리가 들려왔다.

　"육상 착륙에 대비해 바퀴를 내리겠습니다."

　퍼프와 나는 공중에서 선회하며 그들을 내려다보았다. 그들은 곧장 하강해 하얀 먼지와 모래를 뿌리며 부드럽게 지면에 닿았다. 중심선을 따라 그대로 굴러간 제니퍼는 그 옆 풀밭으로 방향을 틀어 둥글게 돌면서 우리의 착륙을 지켜보았다.

　'내가 이걸 할 수 있을 것 같지가…… 않아요.'

나는 대답 대신 확인 절차를 이행하며 외쳤다.

"이제부터 **지상** 착륙을 하겠습니다. 좌측 메인 바퀴 **내리고**, 뒷바퀴 **내리고**, 우측 메인 바퀴 **내립니다.** 바퀴를 모두 **내립니다. 지상** 착륙에 대비해 모두 **내립니다.**"

'……도로에 내려가는 거잖아요.'

"도로가 아니야, 퍼프. 좁은 활주로지."

'아! 알았어요.'

우리는 도로에 착륙했다. 풀밭으로 올라서면서 내가 말했다.

"나도 이런 착륙은 처음 해봤어……."

'**뭐라고요?**'

"풀밭이랑 초원, 호숫가에는 착륙해 봤는데 도로에는 처음 해봤어."

'**평생 처음?**'

"그래."

퍼프는 잠시 말이 없었다.

'좁은 활주로라면서요…….'

나는 미소 띤 얼굴로 엔진을 껐다.

댄이 교양 있고 학구적이며 책을 즐겨 읽는 세련된 신사라고 했던 걸 기억하는지? 댄이 버려진 도로에 착륙했다는 것 말고 그날 남은 하루 동안 일어난 일에 대해 나는 굳이 여기 적지 않았다. 비행기 조종에 도가 튼 사람이니 세련됨의 기준이 남다르지 않을까? 그런 사람들도 우리처럼 클럽에 가서 오늘 하루를 떠올릴 때 심장이 두근거릴까?

어쩌면 댄은 퍼프와 그 조종사와 함께 국토 횡단 비행을 나서기 전 우리가 어떤 식으로 비행하는지 알고 싶었던 게 아닐까?

댄이 찍은 사진으로 대답을 대신하고자 한다. 그전에 갈대밭 착륙에 관해 언급하겠다. 오키초비 호수 서쪽에 있는 그 갈대밭은 갈대가 물 위로 1.8미터나 자라 올라와 있다. 댄은 평상시 고도로 비행했는데 가만 보니 제니퍼는 갈대밭을 벗어나 날아오를 기미를 보이지 않았다. 그때 무전기에서 댄의 목소리가 들렸다.

"수상 착륙을 위해 바퀴를 올리겠습니다."

제니퍼가 속도를 줄이더니 별안간 푸른 갈대숲 사이에서 모습을 감췄다.

'리처드, 설마 우리도……?'

"저들이 할 수 있는 거면 우리도 할 수 있어. 댄은 자기가 배운 걸 우리한테 보여주는 거야."

'저들은 이미 한참 전에 배우고 익혔을걸요.'

"수상 착륙을 위해 바퀴를 올립니다."

나는 이렇게 말하며 플랩 스위치를 '아래'로 눌렀다. 우리는 시속 80킬로미터 속도로 갈대들을 치며 날아갔다. 구름처럼 부연 물보라가 흩어지고 우리 앞에서 호리호리한 갈대 줄기들이 일제히 휘어졌다. 갈대를 옆으로 밀면서 속도를 늦추는데, 호숫가 쪽으로 선회하는 제니퍼의 수직 안정판이 언뜻 보였다.

그곳은 푸른 갈대가 빽빽이 자라는 곳이었다. 갈대 바다 위로 제니퍼의 프로펠러 끄트머리가 보였다. 댄은 퍼프의 사진을 찍어주려고 갈대숲에서 방향을 돌렸다.

그리고 드디어 사진을 찍었다.

신사라면 기술 연마를 게을리하지도 않고 모험을 꺼리지도 않는다. 다음 도전은 자전거 도로였다.

갈대숲에서 이륙한 후 공중에서 내려다보니 플로리다 남부 지역 습지에 끝이 뾰족한 연필로 그어놓은 듯한 선이 보였다. 수상비행기에게 딱 적합한 길이었다. 3미터 폭의 그 길은 습지를 가로질러 1.6킬로미터가량 곧게 뻗어나갔다. 물은 얕았고 양옆은 단단히 굳은 땅이었다.

무전기에서 "수상 착륙에 대비해 바퀴를 올리겠습니다"라는 말이 들렸다.

물이라니? 댄이 어떻게 할 계획인지 알 것 같아서 나는 속으로 놀라 비명을 질렀다.

댄은 제니퍼의 기체를 그 길로 내려보내고, 날개 끝의 플로트가 불과 몇 센티 차이로 양옆의 풀밭을 지나게 할 계획인 듯했다. 나중에야 나는 댄이 그 착륙을 원래 계획했을 뿐 아니라 그 와중에 사진도 찍었다는 걸 알게 됐다.

"우리는 못할 것 같은데……."

'식은 죽 먹기예요. 제니퍼가 할 수 있으면 나도 할 수 있어요.'

나는 조그맣게 중얼거렸다.

"네가 어떻게 해야 하는지 알 거라 믿어, 퍼프. 수상 착륙에 대비해 바퀴들을 모두 **올립니다.**"

퍼프는 대체 왜 이렇게 자신만만할까?

쌔액 소리를 내며 좁은 물길을 향해 내려가는 동안 퍼프는 말이 없었다. 조금의 실수도 용납하지 않는 착륙이었다. 저 앞에 야생 풀을 배경으로 삭막하게 떠가는 제니퍼의 밝은 색 날개가 보였다. 제니퍼는 좁은 물길을 따라 양옆의 풀에다 하얀 물을 흩뿌리며 나아갔다.

"부스트 펌프 켜고 플랩을 내립니다. 바퀴를 모두 **올립니다.**"

그리고 침묵이 이어졌다. 두 영혼은 착륙에 집중하고 있었다. 나는 제니퍼의 기체가 길의 중심선에 맞게 내려가면 날개를 보전할 수 있을 거라 생각했다. 제니퍼가 할 수 있다면······.

그 순간 지평선이 초록색으로 변하면서 저 앞에서 은빛 물길이 열렸다. 저 은빛 물길로 내려가야 해, 퍼프, 정확하게!

퍼프는 주변으로 하얀 눈 같은 물을 흩뿌리며 그 일을 해냈다. 시속 88킬로미터로 곧장 나아갔다. 우리는 결국 해냈다. 퍼프가 수상 착륙에 성공한 지 30초도 채 안 되어 나는 기쁜 마음으로 스로틀을 앞으로 밀면서 댄과 제니퍼를 따라 다시 하늘로 날아올랐다.

사람들은 말한다. 비행기를 조종하다 보면 몇 시간 동안 지루하게 비행하다가 한 번씩 섬뜩하게 무서운 순간을 겪지 않느냐고. 그건 너무 과장된 생각이다. 그날 댄, 제니퍼와 함께한 비

(댄 니컨스가 한 손에 카메라를 들고, 다른 손으로는 비행기를 조종해 가면서 찍은 사진. 이 사진을 찍는 건 쉽지 않았다. 카메라 수평을 맞추면서 비행하느라 여간 힘들지 않았을 것이다.)

행은 몇 시간 동안 기민하게 날다가 잠깐씩 강렬하게 집중하는 과정의 연속이었다.

오늘 네 시간 동안 우리는 놀이하듯 비행기를 타고 즐기는 일류 조종사를 바라보면서 비행에 완전히 몰입했다.

이 얘기를 들으면 댄은 아마 이렇게 말할 것이다.

"대단한 조종사로 취급하지 마세요. 아직 배울 게 많아요."

그러니 나는 그를 대단한 조종사로는 보지 않을 것이다. 사진 고마워요, 댄!

그날 하루가 끝나갈 무렵 제니퍼는 북쪽으로 방향을 돌려 집으로 향했다. 퍼프와 나는 우리 집이 있는 호수에 착륙한 후 호숫가를 향해 느긋하게 올라갔다.

'정말 좋은 친구들이죠?'

절제된 표현으로 대답하려고 고심하는데 퍼프가 다시 말했다.

'당신과 나도 언젠가는 저들처럼 비행을 잘하게 될까요?'

"우리가 저들처럼 열심히 노력하고 비행시간을 늘리면 언젠가는 그렇게 될 거야. 퍼프. 언젠가는 우리도 비행을 잘하게 되겠지."

오늘 나는 이런 깨달음을 얻었다. **살면서 이렇게 어려운 시험은 처음이란 생각에 괴롭다가도 막상 통과하면 이루 말할 수 없는 기쁨이 찾아온다.**

다시 말씀해 주시죠, 캡틴 치킨

1926년 남극 대륙으로 모험을 떠난 리처드 버드 해군 소장이 어떤 심정이었을지 감히 상상이 안 된다. 그는 비행을 위해 대형 비행기를 준비했다.

나의 작은 비행기가 여행 준비를 하면서 챙기라고 요구하는 물건이 왜 이렇게 많을까? 퍼프는 그리스 주입기, 용골 보호대, 다섯 종류의 테이프, 벨크로, 틈막이 재료, 전력 공급 확장기, 방청(防鏽) 스프레이, 에폭시 접착제, 사포, 가스통, 볼트, 부드러운 천, 세 종류의 밧줄, 닻, 클레비스, 카라비너, 소형 맹꽁이자물쇠, 굵은 고무 밧줄, 풀림 방지 줄, 고정 말뚝, 조종석 덮개, 엔진 덮개, 방향타 잠금장치에 쓸 가벼운 줄, (전면 유리 광택을 내기 위한) 스프레이 왁스, 도구, 배터리, 생존을 위한 비상식량, 물병 등을 사 오라고 했다. 이 정도 준비는 시작일 뿐이었다.

(나는 비행기 밑에 누워있느라 몸이 모래 속으로 점점 묻히는 걸 느끼면서) 용골 보호대를 붙이고, 테이프와 벨크로를 사용해 소소한 수리를 하면서 그날 하루를 거의 보냈다.

다시 말하지만 이건 캡틴 치킨의 이야기다.

플로리다에서는 한낮에 바람이 불다가 오후에는 가라앉곤 한다. 한낮에 바람이 별로 없다가 오후에 바람이 세질 때도 있다. 내가 아침에 퍼프를 정비하는지 아니면 그 후에 정비하는지에 따라 날씨가 달라지는 것처럼 느껴지기도 한다. 오늘 호수를 보니 비행하기에 괜찮을 것 같았다. 산들바람이 불긴 했지만 강하지는 않아서 굳이 일기예보를 확인하지 않았다. (여기까지 들으면 어쩐지 예상치 못한 일이 일어날 것 같은 느낌이 들지 않는가?)

나는 퍼프를 타고 비행할 준비를 했다. 고정끈, 조종석 덮개와 엔진 덮개를 벗기고, 방향타 잠금장치를 해제하고, 비행 전 점검을 완료했다. 내 눈에는 호수 면이 잔잔하게만 보여서 내가 순풍을 타고 호숫가를 향해 가게 될 것을 인지하지 못했다. (비행 중에 이럴 경우 결국 불행한 사태가 발생하곤 한다. 별것 아닌 소소한 사건들이 모여서 결국 큰일로 이어지는 것이다.)

프로펠러 작동 범위 내에 사람이 없었기 때문에, 나는 시동을 켜기도 전에 '준비 완료!'를 외치고 말았다. 습관적으로 그랬던 것 같다. 엔진이 켜지며 퍼프가 깨어났다. 1분 후 모래사장을 따라 호수로 굴러 내려간 퍼프는 오늘 무엇을 배우게 될까 궁금해하며 순진하게 바퀴를 안으로 집어넣었다.

연료 온도를 확인하고 있는데 90미터쯤 나아가던 퍼프가 바람을 맞고 왼쪽으로 돌기 시작했다. 우측 방향타를 아무리 세게 밀어도 꿈쩍하지 않았다. 그제야 오늘 바람 때문에 문제가 생길 수도 있겠다는 생각이 들었다. 퍼프는 강한 돌풍을 만나지 않는 한 저 혼자 바람을 거스르며 선회한 적이 없었다.

엔진 출력을 높이고 방향타의 프로펠러를 바람보다 세게 작동시켜 비행기가 다시 바람 부는 방향으로 향하도록 조절해 보았다. 하지만 퍼프는 칼날 위에 서있는 듯 위태롭게 나아갔고 호수에 이는 파도는 점점 높아졌다. 뒤쪽에서 하얀 포말이 올라오고 물에 바람 자국이 진하게 났다. 바람 부는 쪽으로 나아갈수록 그 현상이 점점 심해지고 있었다. 그제야 오늘은 비행을 안 하는 게 최선이겠다는 생각이 들었다. 별안간 래시가 나타나 티미가 우물에 빠졌다고 알리지 않는 한 이 상황에서 억지로 비행에 나설 이유는 없었다(1957~1964년에 방영된, 소년 티미와 반려견 래시의 모험을 그린 미국 드라마 〈Timmy & Lassie〉의 주인공들—옮긴이). 래시는 지금 다른 데서 잘 쉬는 중이었고 오늘은 훈련 비행을 나서기에 적합한 날이 아니었다.

결론을 내린 나는 방향타를 조정해 집 쪽으로 방향을 돌렸다. 퍼프는 별안간 오른쪽으로 돌면서 강하게 바람을 맞았다.

저 혼자 힘으로는 선회할 수 없을 듯했다. 퍼프가 폭풍우 치는 쪽으로 돌기 시작했다. 돌풍이 퍼프의 날개를 밑에서부터 밀어 올렸다. 나는 멍청하게도 왼쪽이 아니라 오른쪽으로 돌았고, 중심을 벗어난 내 체중 때문에 바람이 우리를 거꾸로 돌리기가 더 쉬워졌다.

좌측 플로트가 물밑으로 가라앉았다. 곧 날개 끝도 시야에서 사라졌다.

'리처드! 바람이 너무 세요! 도와줘요!'

체중을 모두 실어서 우측 방향타 페달을 꽉 밟았다. 스로틀을 앞으로 밀어 비행기의 꼬리가 왼쪽으로 향하게 하고 날개를 세우면서 뒤쪽 수평을 잡았다.

그 모든 과정이 천천히 이루어졌고, 결국 퍼프의 날개가 0.45톤은 나갈 물밑에 잠기고 말았다.

어찌나 느리게 움직이는지 퍼프가 바람 쪽으로 선회하면서…… 물밑에 가라앉은 날개가 다시 올라오기 시작했다. 이대로 세게 바람을 맞으면 퍼프를 잃을 것 같았다. 퍼프의 수호천사들이 그런 일이 일어나지 않도록 폭풍우에 맞서주었다. 퍼프의 기수가 점차 바람 쪽으로 향하면서 물에 잠겼던 날개가 완전히 올라왔고 갑자기 조종 장치가 말을 듣기 시작했다. 마치 우리가 그 바람을 타고 비행하는 것처럼 된 것이다. 방향을 돌려 뒤쪽을 향하게 되자 지금까지 보이지 않았던 하얀 파도가 눈에 들어왔다. 퍼프는 비로소 참고 있던 숨을 내쉬는 듯했다.

'우리가 꼭 이렇게 해야 했어요?'

퍼프는 용기를 냈지만 호수 물에 한쪽 날개를 빠뜨려 본 적이 없었다. 그런 경험이 없기는 나도 마찬가지였다. 우리가 왼쪽으로 30센티미터 정도 더 굴러갔으면 1톤에 달하는 물이 열린 해치를 통해 조종석으로 흘러들어 와 우리 둘 다 물밑에 잠겼을 것이다. (나는 퍼프의 조종사인데도 이런 일이 일어날 가능성에 대비해 미리 해치를 닫을 생각도 못 했다. 그날 오후 내가 연달아 저지른 몇 가지 실수 중 하나였다.)

0.25톤의 물을 마저 흘려보낸 퍼프는 드디어 두려움에서 벗어났다. 나도 더 이상 호수에 머물고 싶지 않아 호숫가 쪽으로 퍼프를 이동시켰다. 퍼프가 숨을 쉴 때마다 파도를 타고 날아온 물거품이 전면 유리를 뒤덮었다.

호숫가로 돌아온 나는 바람 부는 날에 비행을 시도하면서 겪은 위기 상황을 간단히 정리했다.

1. 바람과 반대 방향에 있으면 호수의 물이 그다지 거칠어 보이지 않을 수 있다. 호수의 잔잔한 면만 보고 잘못 판단을 내리면 재앙이 닥칠 수도 있다는 걸 명심하자.

2. 재미로 비행기를 몰고 나가기 전에 항공 기상을 반드시 확인하자. 엔진을 끄고 퍼프가 잠든 후 조종석에 앉아 날씨를 확인했다. 제일 가까운 공항에서 15시에 돌풍 세기

23, 최대 돌풍 30노트를 기록할 거라는 예보가 있었다. 30노트 돌풍이 불 때 경량 항공기는 물에 떠있으면 안 된다. 퍼프도 나도 그걸 잘 알고 있다.

3. 심상치 않은 느낌이 들고 비행기가 저 혼자 바람 쪽으로 선회하면 정신을 차려야 한다! 조종사는 모르겠지만, 비행기가 공기 중의 기운에 반응하는 것이기 때문이다.

4. 날개가 물에 깊이 잠겼을 때 비행기 안으로 물이 얼마나 많이 쏟아져 들어올까를 생각 말고 비행기를 맞바람 쪽으로 틀 생각부터 해야 한다. 그리고 가능할 때 해치 문부터 닫아라.

5. 나는 상황이 최악으로 치닫기 전에 좋지 않은 결과를 피할 줄 아는 판단력을 지닌 덕분에 캡틴 치킨 모임의 멤버가 됐다. '상황이 최악으로 치닫기 전'까지 가기 전에, 물에 거꾸로 처박히는 일이 벌어지기 전에 해결책을 찾아야 한다. 뭐든 일찍 판단을 내리는 게 좋다.

이상이다. 어제 우리는 악어들이 들끓는 습지 위를 네 시간 동안 비행했다. 오늘은 겨우 1분 남짓 비행을 시도하면서 어제보다 더 큰 위험에 처할뻔했다.

캡틴 치킨은 날개 한두 개를 잃었을 때 남은 깃털을 더 악착같이 지키겠다고 맹세했다.

오늘은 사진을 찍을 경황도 없어서 말로 대신하겠다.

퍼프가 영화에서나 본 지독한 폭풍우에 휘말렸다면 어떻게 됐을까. 거대한 파도 위에서 순간적으로 솟구쳤다가 다음 순간 물속에 깊이 처박혀 시야에서 사라질 수도 있다. 기수를 뒤덮는 푸른 물의 무게에 서서히 짓눌리다가 물을 한 번 털어내더라도, 결국 6~9미터에 달하는 엄청난 파도가 방향타를 덮칠 것이다.

초대형 유조선이 퍼프와 같은 호수에 있다고 상상해 보자. 유조선은 흉악한 파도 위에 떠있으려 안간힘을 쓰면서 조난 신호의 불꽃을 쏘아 올리지만, 결국 싸움에서 패배해 선원들이 구명보트로 도망치게 될 수도 있다.

그게 얼마나 끔찍한 상황인지 머릿속에 그려진다면 거기서 약간 덜한 게 바로 우리가 오늘 호수에서 겪은 일이다. 우리를 거의 집어삼킬 뻔한 것은 파도가 아니라 바람이었다.

마지막 순간에 우리는 살길을 찾아 도망쳤다. 온몸이 흠뻑 젖기는 했어도 목숨은 건졌다.

오늘은 그 외에 다른 일은 없었다. 퍼프는 물을 뚝뚝 떨어뜨리면서 호숫가에 안전하게 서있었고, 나는 인상을 찌푸리며 생각에 잠겼다. 내 집이 있는 호수에서도 이런 문제에 휘말릴 수 있는데 서쪽으로 5,310킬로미터 떨어진 곳에 가게 되면 무슨 일을 겪게 될까?

  괴물이나 다름없는 바다에서 살아남아야 하지 않을까. 오늘 나는 이런 깨달음을 얻었다. **폭풍우를 만나거나 산에 갔다가 죽는 것보다 더 무서운 건 너무 지루해서 죽는 것이다.**

16

다시 날자!

 오늘 아침 내내 바람이 불었다. 동쪽 지역에서 비행을 나간 어느 수상비행기가 곤란을 겪었다는 얘기를 듣고 퍼프와 나는 집에서 꼼짝하지 않았다.

 문득 이륙 후 엔진이 고장 났을 때 퍼프가 어떻게 행동하는지 알아야겠다는 생각이 들었다. 근처 호수에서 엔진이 고장 난 상황을 가정하고 훈련을 해보기로 했다.

 동력이 중단됐을 때 대기속도를 유지하려면(대기속도를 유지하는 게 진짜 중요하다) 조종사는 조종간을 앞으로 밀면서 즉시 비행기를 글라이더로 변신시켜야 한다.

 소형 비행기를 몰아보지 않은 사람들이 종종 잊는 게 바로 이것이다……. 동력이 상실된 비행기는 모두 글라이더라는 것.

엔진이 멈췄다고 해서 비행기가 비행을 멈추지는 않는다. 비행기는 매끄럽게 활공하면서 지상으로 내려갈 수 있다……. 그래서 엔진이 없는(혹은 엔진이 멈춘) 비행기를 활공기, 즉 '글라이더'라고 부르는 것이다.

엔진이 없는 글라이더는 공중에서 오랜 시간 비행하다가 지상으로 내려오도록 설계됐다. 퍼프는 오랜 시간 활공하도록 설계된 비행기는 아니라서 우리는 오늘 필요한 연습을 하기로 했다. 그러면 혹시 엔진이 멈추더라도 크게 당황하지 않고 훈련한 대로 물이나 평평한 곳을 찾아 착륙하면 될 것이다.

오늘 퍼프의 하강률(일정한 하강비행으로 단위시간에 하강한 고도—옮긴이)은 분당 700에서 800피트(약 200미터에서 240미터) 사이였다……. 500피트 고도에서 엔진이 멈추고 40초 동안 머물다가 지표면으로 내려왔는데, 그 정도면 상당히 긴 시간이었다. 비행 속도를 늦추면 그 시간을 조금 더 늘릴 수 있을 듯했다. 우리 비행기의 속도가 시속 112킬로미터 정도인데 내가 그것보다 느리게 활공할 수 있다고 하면 시레이 조종사들은 아마 당황할 것이다. 신경 써서 조종하면 시레이가 공중에 조금 더 오래 머물 수 있다. 필요한 건 연습뿐이지만, 오늘은 바람이 부는 관계로 그 연습을 하러 가지 않기로 했다.

나는 엔진이 공회전할 때의 고요함이 좋고(나중에 프로펠러를 멈춘 상태에서 활공 연습을 해볼 생각이다) 활공할 때의 바람 소리도 좋다. 그 소리를 상상해 보자(40초 동안 쉬지 않고 마이크로 숨을 내쉬면서 부드럽게 부는 바람 소리를 생각하면 된다).

프로펠러가 회전을 멈추더라도 그동안 연습을 통해 준비해놓으면 엔진 고장을 크게 걱정할 필요가 없다. 엔진이 고장 날 리 없다고 믿으면서 적당한 착륙 장소에서 너무 멀리까지 비행해 버리면 위험해질 수 있다. 쉽지 않겠지만 조종사라면 그런 상황까지 미리 가정해 해결책을 생각해 둬야 한다.

이 책은 잔잔한 모험 책이라서 비행과 관련된 기술적인 내용을 많이 적지는 않았다. 혹시 여러분은 내가 조종사로서 내 일을 잘 모르고 있다고 생각하는지? 나는 내 일에 대해 잘 알고 있다. 그리고 아직 조종사가 되지 않은 독자 여러분을 위해 비행의 두려움을 없애주고자 한다. 언젠가 여러분이 자기 비행기를 타고 날 수도 있는 거니까. 비행의 자유와 아름다움은 워낙 대단해서 공부하고 연습할 가치가 있다. 게다가 비행 연습은 재미있기까지 하다.

이 부분과 관련해 나는 이런 교훈을 얻었다. **다른 사람이 마음속 깊은 곳에서 원치 않는 일을 하라고 권해봤자 소용없다.**

퍼프가 호숫가에서 잠을 자는 동안 나는 퍼프를 위해 몇 가지 일을 해놓았다. 머리 받침을 만들고, 좌석 부속품을 조절하고, 게이지에 연료량을 나타내는 숫자를 표시하는 일이었다. 즐겁게 한창 일하고 있는데 문득 머릿속에서 뮤지컬 〈올리버〉의 〈사랑은 어디에?(Where is Love?)〉라는 곡이 떠올랐다. 약간

애달프고 울적하기도 한 아름다운 멜로디의 곡이다. 이 곡이 왜 지금 생각났을까? 어쩌면 퍼프가 꿈속에서 부르는 노래가 아닐까? 이 노래의 제목처럼 사랑은 시공간에 얽매여 있지 않다. 이 노래를 흥얼거리는 사람에게 던지는 철학적인 질문 혹은 개인적인 질문일까? 답을 알 수가 없었다…… 이 글을 쓰는 동안에도 여전히 내 머릿속에서 이 노래가 울려 퍼지고 있다.

'루틴 비행'

그렇다. 비행의 목적이라는 건 상당히 틀에 박혀있다. 비행 목적으로는 '비행 교습', '비행기 테스트 비행', '엔진 정비를 받으러 세브링(미국 플로리다주의 도시―옮긴이)으로 가기' 등이 있다. 비행에는 언제나 뜻밖의 선물 같은 면이 있다. 비행기를 타고 이륙할 때마다 조종사의 삶에는 계획에 없던 일들이 생기게 된다. 조종사의 성향에 따라 비행 일지에 '갈대숲에서 플라밍고 떼가 날아오른다' 같은 내용을 적을 수도 있고 안 적을 수도 있다.

오늘의 비행도 위에서 언급한 비행 목적에 따른 것이었다. 댄 니컨스와 함께 '엔진 정비를 받으러 세브링으로 가기'를 실행에 옮기기로 했다. 댄은 아침 9시 30분경에 우리 집 위를 날아갈 예정이었는데 내게 같이 세브링으로 갈 생각이 있냐고 물었다.

퍼프와 나는 아침 9시 30분에 1,500피트(약 460미터) 상공에서 댄과 제니퍼를 만났다. 공기는 잔잔하고 매끄러웠다.

저 앞에 호수가 보였다. 댄은 고도를 낮췄고 우리는 그 뒤를 따라갔다. 댄은 국토 횡단 순항을 하면서 고도를 0에서 2피트(약 0.6미터)까지 낮춰 물 위를 지나가는 걸 선호했다. 퍼프와 나는 그런 면에서 보수적인 편이라 6피트 정도 높이에서 사진을 찍어가며 비행을 즐겼다.

댄은 뚜렷하게 상반된 면을 가진 남자였다. 수면에 바짝 붙다시피 하면서 시속 129킬로미터 속도로 비행하기도 하고, 팔꿈치에 스웨이드 천을 덧댄 재킷을 입고 지질 퇴적층, 판게아와 대서양 중앙 해령의 구조에 관한 토론을 즐기기도 했다.

나는 그 고도에서 댄과 적절한 대열을 유지하며 날아갈 용기는 없었지만, 댄에게 그런 상반된 면이 있음을 느끼며 미소 지었다(호위기인 2호기는 보통 대장기인 1호기보다 낮은 고도에서 비행한다).

루틴 비행은 다음과 같다. 수면을 스치듯 날기, 암청색 번개 무늬를 일으키며 날기, 조종석 바로 뒤의 엔진으로 요란한 천둥소리 내기, 얼굴에 강렬하고 신선한 바람을 맞으며 날기.

제니퍼의 용골이 작은 구름 같은 물보라를 뿌리며 파도에 닿는 걸 보면서, 나는 댄이 엔진을 평생 보증할 마음은 없구나

하는 생각이 들었다. 우리는 그럴 수 있을까? 우리라면 평생 보증을 받는다고 해서 저런 식으로 지상으로 내려올 수 있을까?

당신이 이번 삶에 완전히 만족할 수 없다면, 그동안 쌓아온 용기와 유머 감각을 발휘해 무한히 많은 다른 삶 중에서 무료로 원하는 삶을 고를 수 있을 것이다.

우리는 살면서 용기와 유머 감각뿐 아니라 최선을 다해 삶을 살아낼 결단력이 필요하다. 그러니 완전히 무료라고는 할 수 없지만, 이번 모험의 전후라든지 혹은 모험 중에라도 언제든 다른 삶을 선택할 수 있다.

나는 이런 깨달음을 얻었다. **지금까지와는 다른 사람이 되고자 하는 결심만 선다면, 우리는 언제든 삶을 선택할 수 있다.**

이 생각을 하느라 고도를 놓쳤더니 퍼프의 용골이 시속 129킬로미터 속도로 수면에 닿았다. 물살을 빠르게 가르며 나아가다가 잠시 튀어 오르자 정신이 번쩍 들었다.

내가 생각하는 안전한 고도인 90센티미터로 돌아가면서 이만하면 평생 보증을 받은 거라는 생각이 뇌리를 스쳤다. 다음 삶을 계획하기 전에 지금 내 앞에 펼쳐진 이 삶을 더 개발해 볼 생각이다.

세브링

  오늘은 세브링을 향해 남쪽으로 96킬로미터를 날아갈 계획이었다. 평소보다 고도를 약간 높여보기로 했다. 예전에는 '고도'를 38,000피트(약 11,600미터)까지 올리고 42,000피트(약 12,800미터)에서 순항하는 비행을 쭉 한 적이 있었다. 햇빛 때문에 헬멧 바이저를 내린 탓에 하늘이 온통 어둡게 보였다. 마스크 안에서 산소가 공급되느라 쉭쉭 소리가 들렸다.

  몇 시간 전 퍼프는 무더운 플로리다 날씨 속에서 고도를 1,500피트까지 올리며 날았다. 퍼프는 그 높이에서 바라보는 풍경을 좋아했지만 위아래로 사납게 치는 바람은 별로 좋아하지 않는데, 상승기류를 잡아타기보다는 한가롭게 날아가는 비행을 선호하기 때문이었다. 따뜻한 공기를 타고 상승하는 광경을 녹화하고 싶어서 카메라를 켜자마자 사방이 매끈해졌다. 결국 매끈한 공기 속에서 날아가는 영상을 30초 녹화했을 뿐이었다.

세브링에 갔다가 돌아오는 길이라서 우리는 프로스트프루프시 상공을 날고 있었다. 이 길로 수십 년째 다녔는데 처음으로 재미있는 생각이 들었다. 예전에 내가 복엽기에 태워준 손님들은 아마 이런 생각을 했을 수도 있다.

"농장이며 마을이 꼭…… 장난감 같네!"

우리가 완벽한 고도에서 날고 있어서인지 저 아래 펼쳐진 프로스트프루프시는 마치 식탁 같았다. 놀랍도록 섬세한 미니어처 장난감을 보는 듯했다. 멋진 집들, 트레일러 공원, 교회, 길을 달려가는 조그마한 자동차들까지 그야말로 실감 나는 장난감 마을이었다.

저 아래 집집마다 나름의 드라마가 있겠지! 은행과 교회, 사무실, 상점, 거리에서 각각의 드라마가 진행 중이었다. 즐거워하는 사람들과 두려워하는 사람들, 피로에 지친 사람들, 영감을 받은 사람들. 어떤 이들은 이 순간 울부짖을 것이고 어떤 이들은 휘파람을 불 것이다. 모든 배우가 무대에 올라 다음에 무슨 말을 할지 생각하지 않고도 완벽하게 자기만의 대본으로 살아가고 있었다.

우리보다 1,000피트 더 높은 상공에서 날고 있는 누군가에게는 우리 역시 저 아래서 날고 있는 장난감 시레이 비행기처럼 보일 것이다. 조종석 해치를 열어 바람을 맞으면서 지상을 내려다보는 자그마한 조종사가 보이겠지. 조종사는 무수한 볼거리에 놀라고 즐거워하고 있을 것이다. 그들이 보는 풍경과 내가 보는 풍경, 이 모든 게 더 큰 풍경의 일부였다.

비행하다 보면 이렇듯 불시에 현실감각이 없어지기도 한다. 별안간 이 모든 게 진짜가 아니라는 생각이 드는 것이다. 모두가 체스판의 말처럼 느껴지고, 정해진 세트장에서 대사를 읊고 드라마를 하는 삶이 아닌 다른 삶을 꿈꾸기도 한다. 그러다 보면 사랑을 표현하는 것에 집중하는 다른 자아를 발견할 수도 있다. 나라는 배우는 이 연극, 이 에피소드, 이 삶의 무대에서 그렇게 살아볼 기회를 잡을 수 있을까?

프로스트프루프시가 저 뒤로 아득하게 사라지자 대기속도, 고도, 남은 연료 같은 생각이 다시 서서히 머릿속으로 들어왔다. 저 아래 작은 도시에서 보일 듯 말 듯 살아가는 삶에 관한 생각과 여운도 차차 사라져 갔다. 그래도 마음에서 완전히 떨쳐낼 수는 없었다. 저 장난감 집 중 한 곳에, 건축 중인 극장에 여전히 마음이 갔다. 학교 수업을 땡땡이치는 아이들도 있고 열심히 수업 받는 아이들도 있을 것이다. 그중에는 퍼프의 삶과 내 삶도 있었다.

레이크웨일스시 북부 지역에서 퍼프는 나를 아래로 끌어당겼다. 호수로 내려가 잠시 쉬다가 다시 날아오르겠다는 뜻이었다. 우리는 햇볕 아래 1달러짜리 동전처럼 둥근 은빛 호수를 골라 내려갔다. 호수에 인 파도에 잠시 비행기를 세우고, 은빛에서 푸른빛으로 바뀐 호수의 물을 향해 손을 뻗었다. 1,000피트 상공에서는 손을 뻗으면 가벼운 공기만 느껴지는데 지금 조종석에서 손을 뻗으니 시원하고 묵직하고 축축한 습기가 느껴졌다.

잠시 후 우리는 다시 이륙해 집까지 얼마 남지 않은 거리를 시속 97킬로미터로 날아갔다. 퍼프가 날아가는 동안 저 아래에서는 자동차들, 그리고 오렌지를 가득 실은 트레일러를 끄는 바퀴 열여덟 개짜리 트럭이 도로를 달렸다.

그걸 보고 퍼프가 부러워하자 나는 저 트럭은 너처럼 호수에 잠시 내려가 느긋하게 몸을 식히고 쉴 수 있는 여유가 없을 거라고 일깨워 주었다.

오늘 내가 얻은 깨달음은 이것이다. **지금 우리가 당연시하는 기술과 능력은, 다른 이가 그것을 갖게 됐을 때 몹시 기뻐할 만한 기술과 능력일 수 있다. 우리 역시 다른 이의 기술과 능력에 대해서는 같은 생각을 할 것이다.**

기술적인 문제

 자기 비행기가 무엇을 할 수 있고, 무엇을 할 수 없는지 알아야 한다. 종이로 인쇄된 내용 외에 자기 비행기에 관해 더 자세히 알고 싶으면 스스로 시험 조종사가 되어야 한다는 뜻이다.

 예를 들어 이런 의문이 생긴다고 해보자. 퍼프가 수련 잎이 잔뜩 자란 호수에서 천천히 나아가다가 다시 이륙할 수 있을까?

 나는 그냥 물어보기로 했다.

 "수련 잎이 문제가 될 것 같아, 퍼프?"

 '수련 잎이 있는 곳에서 굳이 그렇게 할 필요는 없잖아요.'

 "수련 잎이 있는 곳에서 한 번도 해본 적이 없으니까. 그 사이로 천천히 달려가면 재미있을 거야. 풍경도 아름답고!"

 '별론데.'

"아, 해보자!"

'당신이 원한다면 해야겠죠. 당신이 조종사니까.'

그때는 퍼프의 목소리에 담긴 경고의 뜻을 포착하지 못했다. 나중에는 '당신이 조종사니까'라는 말을 들으면 좀 더 생각하게 됐지만.

그렇게 해서 나는 '수련 잎/이륙'이라는 멍청한 짓을 시작하게 됐다.

꽤 높은 속도로 날다가 수련 잎이 펼쳐진 호수로 내려갔다. 호숫가에서 문제가 되지 않도록 출력을 더하고 방향타를 조정해 방향을 날카롭게 틀었다.

호숫가를 벗어나 호수로 다시 나온 나는 스로틀을 전출력으로 밀어붙였다.

"좋아, 퍼프, 다시 날자!"

엔진이 전출력으로 작동하는 소리와 함께 퍼프의 대답이 들렸다.

'뭘 하자고요?'

즐겁게 하늘로 날아오르는 대신 몸이 무거워져 힘들어하는 듯했다. 수련 잎 때문에 그런 걸까?

우리는 호숫가로 올라갔다. 호숫가에서 엔진을 끄자 퍼프는 잠들었다.

비행기에서 악어가 득실대는 물로 내려간 다음 꼬리 쪽으로 터벅터벅 걸어갔다. 내가 거기서 무엇을 봤을까? 수련 잎이었다. 우리가 14킬로그램이나 되는 수련 잎을 쓸어온 것이다. 수련 잎이 비행기 꼬리에 잔뜩 뭉친 탓에 비행에 적합한 유선형의 형태가 흐트러졌다. 감자 포대만큼 무거운 수련 잎을 매달고 공기역학을 논할 수는 없었다. 퍼프가 동의해서 어떻게든 비행을 시도해 본다고 해도 중력 중심이 흐트러져 '위험하니 비행하지 말라'는 경고등이 뜰 것이다.

악어들을 피해 수련 잎을 치운 뒤 나는 다시 시동을 걸고 열린 호수로 방향을 돌렸다.

'아주 고맙네요.'

퍼프는 간결하게 비꼬았다. 내가 안 된다고 했잖아. 다음에는 고집 피워서 말썽 일으키지 말고 내 말에 귀 기울여 주면 좋겠어. 대략 이런 뜻을 '아주 고맙네요'라는 말에 담아낸 것이다.

그 후 두 시간 동안 우리는 얕은 물에서 몇 번 착륙을 시도했다. 갈대밭 섬 사이에서 고속으로 날아가기, 좁은 들판에서 착륙 연습하기, 장애물 피하기, 완전히 실속하고 넓게 미끄러지면서 빠르게 정지하기 등을 해보았다.

1,000피트 상공에서 조용히 순항하며 집으로 돌아가는 동안 퍼프가 서쪽 지평선을 바라보고 있는 게 느껴졌다.

'저기엔 뭐가 있을까요?'

퍼프가 나지막하게 물었다. 나와 함께하면서 퍼프는 주로 평지, 강, 호수, 습지를 경험했다.

"공간과 시간이 있겠지. 다양한 지형과 모험이 있을지도? 드넓은 세상이 있을 거야."

'우린 준비 거의 되지 않았어요?'

"일주일 후에는 될 것 같아."

'시간이 아니라 당신과 내 얘길 하는 거예요. 우린 서로를 알아가고 있잖아요. 이제 저기 뭐가 있는지 볼 준비가 되지 않았을까요?'

"차근차근 하자, 퍼프. 우리가 앞으로 못 할 일은 별로 없으니 인내심을 가져. 짧게 오십 번 정도 비행해 보고 나서 국토 횡단 장거리 비행을 해보자."

'아. 고마워요.'

이번에는 비꼬는 느낌이 없었다.

진실의 힘

시레이 제작자와 조종사들을 위한 웹사이트에 어젯밤 경고의 글이 올라왔다. 글쓴이의 비행기가 1,000피트 상공에서 비행하고 있었는데 한 바퀴를 다 돌기도 전에 엔진이 고장 나 지상으로 떨어졌다는 내용이었다.

그 조종사가 자세히 쓰지는 않았지만 아마 그의 비행기는 퍼프보다 무거웠을 것이다. 그러니 비행기의 방향을 바꾸기가 더 어려웠겠지. 퍼프였으면 그렇게 무자비하게 고도를 떨어뜨리지는 않았을 것이다. F-84F나 보잉 737이라면 몰라도 퍼프가 과연 그럴까? 퍼프는 엔진이 잘 고장 나지도 않을뿐더러, 만약 그런 상황에 놓였더라도 나한테 비밀로 하고 저 혼자 움직여서라도 어떻게든 해냈을 것이다.

오늘 아침, 비행 전 점검을 마치고 퍼프에 시동을 걸어 잠을 깨웠다. 우리는 물을 첨벙거리며 호수로 나아갔다.

몇 초 후 속도가 느려진 퍼프가 물었다.

'무슨 일이에요?'

"아, 생각 좀 하고 있었어……."

깨어있을 때 퍼프의 영혼은 나와 연결되어 있으니 내가 무슨 생각을 하는지 당연히 알 것이다.

'당신과 나 같으면 그렇게 선회를 못 하고 내려오진 않았겠죠. 우리한테는 있을 수 없는 일이에요.'

더는 길게 말할 필요 없다는 듯했다. 우리는 거기서 얘기를 마무리하고 비행에 나섰다.

"그 비행사와 비행기에게 무슨 일이 일어난 것 같아?"

'난 정신과 의사가 아니에요, 리처드.'

퍼프는 바람을 타고 호수 위에서 선회했다.

'그 비행기가 무거운 비행기라서? 동작을 너무 끌어서? 너무 크게 원을 그리며 비행해서? 그건 그렇고 우리 오늘 어디로 가요?'

"네 생각이 맞을 거야, 퍼프. 그런데 그 조종사는 시레이를 탄 것 같았어. 너도 시레이잖아. 어떻게 그렇게 확신해?"

'당신이 자전거를 탈 수 있다고 어떻게 확신하죠? 그냥…… 탈 수 있는 거잖아요. 나는 1,000피트 상공에서 전력을 차단하고 두 바퀴 돌 수 있어요. 그 조종사와 비행기가 그렇게 됐다고

해서 우리도 꼭 그렇게 되리란 법은 없어요!'

"그래도……."

'당신한테 보여줄 수 있어요. 요즘 그걸 바라잖아요. 우리 둘이 뭘 할 수 있고, 뭘 할 수 없는지 확인해 보자고요. 보여줄게요. 1,000피트 상공에서 두 바퀴 돌 수 있어요.'

"100피트 상공에서 두 바퀴 가능할까?"

'아, 날 시험하고 싶은 거군요.'

"난 그냥……."

'당연히 가능하죠.'

"퍼프 너는……."

'……그런데 힘이 약간 더 필요해요.'

나는 마음에 새겨두었다. 퍼프는 절대 못한다는 말을 안 한다는 것.

몇 분 뒤 우리는 호수 위 1,000피트 상공에서 날고 있었다. 퍼프는 별 관심 없는 척 무심한 태도였다.

나는 엔진을 공회전으로 놓고 기수를 낮추며 선회를 시작했다. 동영상 자료는 없으니 말로 설명하겠다. 퍼프가 두 바퀴를 다 돌았을 무렵 우리는 여전히 수면에서 200피트 위를 날고 있었다.

퍼프가 말했다. '오늘 내가 깨달은 건 이거예요. 다른 이에게는 진실인 것이 내게는 진실이 아닐 수도 있다는 것.'

우리는 정오 무렵 식당 옆 호수에 착륙했다. 몇몇 사람들이다가와 퍼프의 아름다움을 칭찬했다.

우리는 우리만의 진실을 택하기로 했다. 자신에게 증명할 수 있는 진실이었다.

역시 퍼프는 예쁘고 똑똑했다.

21

I·A·M　　F·L·Y·I·N·G

모래, 바다 그리고 하늘

　오늘은 우리가 모래시계 속에 담긴 모래 알갱이 같다는 기분이 들었다. 모래시계 위쪽 절반을 채운 모래. 저 아래서 다른 차원으로 펼쳐진 지평선을 바라보고 있는데, 곧 큰 변화가 일어날 것 같은 느낌을 받았다.

　오늘은 목적을 갖고 비행하기로 했다. 모험을 앞두고 잠시 시레이 공장이 있는 북쪽으로 날아가서 몇 가지 문제를 해결하기로 했다. 퍼프는 미지의 새로운 세상을 앞두고 있을 때면 늘 그렇듯 약간 엄숙한 분위기가 됐다.

　나는 호수를 떠나기 전 댄에게 연락해 하늘에서 만나기로 약속했다. 마침 오늘 댄은 회사의 쇼케이스 시연을 위해 비행할 예정이었다.

드넓은 하늘에서 우리가 서로를 어떻게 찾을까? 바로 이렇게 하면 된다. 우리가 인생을 살면서 서로를 찾아 만나듯 하면 된다. 비밀 채널로 우리의 위치를 널리 알리는 것이다.

무전기에서 댄의 목소리가 들렸다.

"안녕하십니까, 파파 에코. 여기는 시에라 로미오. 들립니까?"

시레이(SeaRey)의 약자가 SR이라서 댄이 시에라 로미오(Sierra Romea)라고 한 것이다. 내가 무전을 듣고 있는지 알 수 없으니 그는 그렇게 교신했다. 내가 못 들었다면 댄도 그대로 침묵했을 것이다……. 우린 하늘 어디에든 있을 수 있으니 무전기가 작동하지 않으면 그는 나와 퍼프가 비행 중인지 알 수 없었다.

"안녕하세요, 시에라 로미오. 파파 에코는 클레몬트시에서 남쪽으로 8킬로미터 떨어진 곳에서 날고 있습니다. 큰 호수 한가운데서 만나죠. 거기 착륙하겠습니다."

"수신 양호. 파파 에코가 1,000피트 상공에 있는 게 보입니다."

댄의 비행기가 보일 때까지 나는 고도를 낮췄다. 수 킬로미터 떨어진 곳에 작은 점 하나가 보일 때까지. 어중간하게 얼룩덜룩한 무늬가 펼쳐진 지상이 아니라 하늘을 배경으로 하고 있으니 아마 멀리서도 잘 보일 것이다. 하늘에 있는 생명이나 지상에 있는 생명이나, 존재한다면 눈에 보일 수밖에 없겠지!

고요한 주변을 잠시 돌아보았다……. 드디어 점 하나가 보였다! 댄이라면 직선으로 날고 있어야 하는데 그 점은 빙글빙글

돌고 있었다.

자세히 보니 그것은 상승기류를 타고 날아오르는 대머리수리였다.

잠시 후 확고한 목적을 갖고 남쪽으로 향하는 또 다른 점이 북쪽 하늘에 보였다.

"파파 에코가 당신을 찾았습니다."

어쩌면 다른 비행기일 수도 있지만 그럴 확률은 낮았다. 점점 가까워지고 있으니 곧 분명히 보일 것이다. 얼마 후 그 점의 형체가 보이기 시작했다. 사람은 번개처럼 빠르게 곳곳을 연결해 형태를 포착하는 묘한 능력이 있다. 점 몇 개만 확보하면 되는 것이다. 이윽고 높은 날개와 위로 휜 꼬리, 동체가 눈에 들어왔고…… 누구인지 확인했다! 내가 찾고 있는 바로 그 비행기였다.

텅 빈 지평선에서 그 비행기를 찾고 나니 할 일을 다했다 싶었다. 최대한 빠르고 안전한 방법으로 그 비행기를 향해 날아갔다.

"시야에 당신이 보입니다, 파파 에코."

이제 서로 보고 있으니 함께 비행하면 되는 것이다.

선회하고 각도를 조정하면서 거리와 속도, 상승과 동력, 근접비를 맞추면 되었다. 공중에서나 지상에서 좋아하는 사람을 만나려면 한없이 복잡한 과정을 거쳐야 하지만, 느낌 가는 대로 하다 보면 결국 잘 풀리게 되어있다.

"수상 착륙을 위해 바퀴를 올리겠습니다."

댄의 비행기가 속도를 낮추며 강하하기 시작했다. 퍼프와 나도 그 뒤를 따라갔다. 동력을 줄이고 바람을 거슬렀다. 얼마 지나지 않아 기체를 스치는 호수의 익숙한 물소리가 들려왔다. 우리 비행기들은 이제 공중이 아니라 물 위에서 천천히 날고 있었다.

시에라 로미오의 착륙 기어가 내려오는 게 보였다. 옆으로 하얀 물살이 깃발처럼 잠시 떠올랐다. 바퀴가 물밑으로 사라지면서 호숫가가 느껴졌다.

스위치를 누르자 퍼프의 바퀴가 곧 사라졌다. 나머지 과정은 쉬웠다. 동력이 꺼지자 두 비행기는 공기나 물이 아닌 단단한 모래 위에 자리 잡았다. 조종사들과 마찬가지로 이 비행기들도 여러 면에서 이런 착륙을 편안하게 느꼈다. 무수히 자리를 바꿔가며 연습한 덕분일 것이다.

몇 분 후 우리는 다시 모래에서 물, 그리고 다시 공중으로 자리를 바꾸며 날아올랐다. 같은 목적을 가지고 새로운 방향으로 함께 날아가는 것이다.

가는 길에 우리는 램프 끄트머리에 있는 댄의 격납고에 들렀다. 댄이 말했다.

"이쪽에 수련 잎이 있어요. 그 위로 천천히 날아가면 됩니다." 댄이 잠시 후 덧붙였다. "램프가 가파르니까 동력을 유지하세요. 그 위에서 80도로 선회합니다……."

맙소사. La Rampa del Muerte, Parte Dos(죽음의 램프 2탄이네).

"잘할 수 있을 겁니다." 댄의 말이 옳았다. 하지만 그가 옳다는 걸 입증해야 하는 건 나인데? 자주 해보지는 않았지만 굉장히 어려운 일은 아니었다. 나는 '잘할 수 있을 겁니다'라는 말을 믿고 해보는 수밖에 없었다.

퍼프는 아무 말도 하지 않았다. 자칫 잘못하면 램프에 충돌할 수 있었는데 퍼프는 단박에 경사로로 달려 올라갔다. 그리고 편안하게 선회하며 댄의 격납고로 천천히 들어갔다.

나중에 다시 날아오를 때쯤 댄이 묘한 질문을 던졌다.

"퍼프의 브레이크는 괜찮습니까?"

"예. 왜 그런 질문을 하시는지?"

"퍼프의 뒷바퀴 조향(操向)은 어때요?"

"잘 됩니다. 겁주려고 하시는 말씀은 아니죠?"

"아, 아니에요. 천천히 램프를 따라 내려가다가 마지막에 선회 후 곧장 물로 들어가면 됩니다."

퍼프도 나도 걱정하지 않았다. 조종은 뜻대로 잘 되었다. 다만 퍼프가 가파른 램프에 적응되어 있질 않아서 조금 급하게 물로 들어갔다. 그제야 댄이 무슨 뜻으로 그런 말을 했는지 알 것 같았……. 경사가 급한 램프를 너무 빠르게 달려 내려가 깊은 물로 들어가면 기체가 두 동강이 날 수도 있었다.

내 생각을 읽은 퍼프가 말했다.

'두 동강이 난다니, 하하. 난 그럴 일 없어.'

얼마 후 우리는 프로그레시브 에어로다인 공장이 위치한 호수에 도착했다. 그곳에는 예전에 있던 악마의 램프 대신 새 램프가 만들어져 있었다.

지난번은 내 수준을 넘어서는 난이도였는데 오늘은 수월하게 새 램프를 타고 올라갈 수 있었다.

퍼프는 다시 집에 돌아왔다. 케리는 도크 설치자에서 비행기 치료사가 되어주었다. 나는 케리와 잠시 얘기를 나눴고 케리는 퍼프의 미열 현상에 대한 해법을 제시했다. 내일 우리는 퍼프가 장거리 비행을 할 수 있도록 준비시킬 것이다.

오늘 나는 이런 깨달음을 얻었다. **매일 해가 떠오를 때마다 인생은 새로 시작된다.**

퍼프와 회장

비행기는 투덜대지 않는다. 비행하기에 최상의 상태가 아닐 때도 마찬가지다. 퍼프도 예외가 아니었다. 퍼프의 삶은 비행으로 이루어져 있기에, 몇 가지 문제가 있어도 퍼프는 비행하려 할 것이다. 조종사가 꼬리 쪽에 14킬로그램이나 되는 수련 잎을 엉겨 붙게 만들어도 퍼프는 비행 명령을 받으면 최선을 다해 날려고 할 것이다.

오늘 퍼프는 공장에서 잠을 자면서 연료 시스템과 타이어 정렬 상태를 점검받고, 캐노피가 설계대로 매끄럽게 여닫히도록 수리를 받았다.

오늘은 특별히 오전 10시부터 저녁 7시까지 시레이의 설계자이자 이 회사의 회장인 케리 리히터 씨가 직접 무더운 격납고 베이에 나와 퍼프의 문제를 하나하나 봐주고 해결해 주었다.

특히 그는 캐노피 트랙을 꼼꼼하게 봐주었다. 캐노피 트랙이 휘어져 있는 걸 확인한 케리는 즉시 그것을 제거하고 교체했으며 관련된 문제들을 몇 시간에 걸쳐 해결했다.

케리는 퍼프의 휠 베어링도 교체했는데 업무 전화를 받는 와중에도 드릴 모터와 리벳 건(rivet gun)으로 수리를 계속했다.

만약 당신이 세스나기나 비치크래프트기를 정비 받으려고 가져온다면, 이 숍은 오후 4시 반에 문을 닫으니 어쩔 수 없이 열여섯 시간 동안 모텔에서 기다려야 할 것이다.

나는 케리가 되살려 낸 이 비행기를 예전에 몰았던 조종사들, 소유자들의 가까운 가족에 관해 그곳 사람들과 잡담을 나눴다. 사람들 얘기로는 케리가 이 회사의 최고재무책임자가 아니라 다행이라고 했다. 회장이라는 사람이 비행기의 문제가 해결될 때까지 고객들에게 무료로 시간을 내주고 있으니, 만약 케리가 최고재무책임자라면 회사가 파산하고 말 거란 얘기였다.

가족이라면 서로에게 이래야 하지 않을까? 가족은 기꺼이 서로의 어려움을 도와주는 사이여야 한다……. 자기가 만든 비행기의 삶을 더 낫게 만들어 주려고 오늘 이렇게 고군분투한 케리처럼.

23

I·A·M   F·L·Y·I·N·G

뇌우를 향해 웃으며

일기예보를 보니 뇌우가 친단다. 하하. 아침에 구름 한 점 없이 맑고 바람이 가벼워서 비행하기에 최적의 날씨일 줄 알았는데.

댄과 나는 아침 일찍부터 공장에 나와있었다. 댄은 시레이를 구매하려는 고객을 위해 시연 비행을 하려고, 나는 프로그레시브 에어로다인 공장에서 정비 받은 퍼프의 상태를 마지막으로 꼼꼼히 챙기려고. 케리 리히터 회장이 직접 퍼프를 타고 날면서 비행 준비가 완벽하게 된 상태인지 확인하고 있었다.

케리는 프로펠러 피치를 약간 조정해 퍼프가 비행 속도를 조금 더 높일 수 있게 했다. 대신 이륙 시간이 1, 2초 정도 지연될 것이다.

퍼프가 램프를 타고 천천히 내려와 물로 들어가는 것을 보고 있는데 묘한 느낌이 들었다. 나의 숙녀가 다른 남자와 춤추러 가는 것을 보는 느낌이었다.

케리는 세상 누구보다도 시레이 비행기와 관련해 경험이 많은 사람이니 나는 그들의 춤을 허락하기로 했다. 사실 퍼프는 아버지와 춤을 추는 것이나 마찬가지였다.

퍼프와 케리가 호수 저 끝을 빙 돌아 고속으로 날아가는 것을 보면서 나는 몇 번이고 "난 괜찮아"라고 말했다. 그들이 햇살 아래서 뿌린 물보라에서 무지개가 피어났다. 그들이 하늘로 떠오르자 나는 고요히 날고 있는 퍼프를 올려다보며 미소 지었다. 일반적인 비행기 엔진은 묵직한 소음을 내는데 퍼프는 속삭임처럼 조용한 프로펠러 소음을 낼 뿐이었다.

그들은 15분쯤 시야에서 사라졌다가 꽤 높은 고도에서 다시 나타났다. 길게 활강하는데 희미한 휘파람 소리와 함께 위잉 하는 기분 좋은 소리가 합쳐 들렸다. 이윽고 (착륙하면서 기체가 전혀 튀어 오르지 않는) 완벽한 착지가 이루어졌고 2분 만에 그들은 돌아왔다. 케리가 엔진을 끄자 퍼프는 즉시 잠들었다.

"아주 좋은 비행기예요!" 조종석에서 내린 케리는 소켓 드라이브와 엔드 렌치를 손에 들었다. "약간만 손보면 되겠어요……."

그는 퍼프의 우측 플랩 연결 부위를 렌치로 고치고 우측 보조익 푸시로드를 살짝 조정했다.

"이렇게 하면 속도를 시속 8킬로미터 정도 더 올릴 수 있을 겁니다." 케리가 렌치를 치우며 덧붙였다. "진짜 좋은 비행기예요. 직접 타면서 확인해 보세요."

 나는 퍼프와 단둘이 비행에 나섰다. 우리는 호수 저 끄트머리에서 고속으로 수면을 스치다가 이륙했다. 호수의 잔물결에 번쩍이는 빛이 반사되다가 우리가 수면에서 떠오른 순간 수면에 햇빛의 줄무늬가 부옇게 그려졌다.

 지상에서 높이 날아오른 우리는 호수 남쪽의 둥그런 평원에서 익숙한 단계를 밟아가며 연습했다. 시속 64킬로미터로 천천히 비행하다가 전출력에 시속 38킬로미터로 속도를 확 낮췄다. 플랩을 올렸다가 내리며 실속하고 동력을 차단했다……. 전출력으로 실속을 할 수 있는 몇 안 되는 비행기 중 하나가 시레이였다. 퍼프는 말도 안 되게 가파른 각도에서 프로펠러를 돌리면서 체조선수처럼 줄기차게 고도를 올렸다.

평행 비행으로 순항하면서 보니 정말 속도가 시속 8킬로미터 정도 높아진 걸 느낄 수 있었다. 퍼프는 더 가볍게 다듬어졌고 알맞게 열이 올랐으며 하늘에서 행복해했다. 나는 마음으로 퍼프의 목소리를 들었다.

'난 내가 좋아요! 새로운 내가 좋아요! 이게 좀 더 나아진 진짜 나라고요!'

행복에 겨운 퍼프의 말이 내 마음에 울렸다. 내 생각에 딱 그렇게 들렸다. 어떤 세상에서 살아가든 우리의 영혼이 조화를 이룰수록 우리는 서로에게 진짜 자아를 더 잘 표현할 수 있게 된다.

우리는 춤 같은 동작을 몇 번 더 시도했고 아무 이상 없이 잘 이루어졌다. 잠시 후 조용히 속도를 내리며 수면을 따라 속

삭이듯 나아갔다. 이윽고 퍼프는 뒤로 물을 흘려보내며 새로운 램프로 무사히 올라섰다.

케리는 첫 시레이를 제작한 이래 이십 년 동안 그의 비행기에 만족해하는 조종사들의 반응을 보아왔기에, 지금 내 표정만 보고도 내가 퍼프에게 얼마나 만족하는지 짐작하는 듯했다. '환상적이에요', '정말 멋져요', '고마워요, 케리' 같은 말은 수도 없이 들었을 것이다. 케리는 핵심 질문을 던졌다. 비행기가 당신이 원하는 대로 날아줍니까? 좀 더 세밀하게 정비하고 조정하면서 다듬어야겠다는 생각은 안 들어요? 분당 회전수를 조금 더 높인다든지?

그곳에서 일을 마친 나는 나일론 주머니에 퍼프의 도구와 액세서리를 담아 들고 공장을 떠나 댄을 따라갔다. 댄은 새로 완성된 고객의 비행기를 타고 타바레스로 몇 킬로미터 날아가 연료를 채운 뒤 점심까지 먹을 예정이었다. 우리는 플로리다에 있는 우리 집을 향해 남쪽으로 출발했다. 댄은 우리와 나란히 함께 날았다.

지금까지는 댄이 대장 역할을 했고 나는 호위하는 역할이었는데, 이번에 퍼프는 처음으로 대장 노릇을 해보았다. 비행기 두 대로 이루어진 편대이긴 했지만. 최고의 2호기는 1호기 뒤나 아래에서 날게 마련이었다. 1호기가 무엇을 하든 마찬가지였다. 대장이 뭔가 지시를 하거나 질문을 하면 2호기는 대답할 때 외에는 조용히 따라야 한다.

나와 퍼프는 댄에게 몇 가지 대열을 연습 삼아 보여주었다. 우리는 댄의 비행기에서 갑자기 멀어졌다가, 다가왔다가, 위로 올라갔다가, 내려갔다가, 천천히 비행하다가, 동력을 달리했다가 하면서 다양한 동작을 선보였다. 나는 호수를 옆에 끼고 날면서 무전으로 말했다.

"수상 착륙에 대비해 바퀴를 올리겠습니다."

"알겠습니다."

　이번엔 댄이 2호기 조종사라서 지금 우리가 하려는 것을 이해했다는 뜻으로 '알겠습니다'라고 말하면 되는 것이다. 우리는 반 바퀴 돌다가 수면으로 내려갔다. 퍼프가 먼저 내려갔고 1초 후 댄의 비행기가 내려와 선회하다가 다시 나란히 날아올랐다.

　얼마 후 우리는 우리 집 앞의 호수로 내려가 물에서 잠시 쉬면서 공회전했다. 댄이 말했다.

"나는 이만 가보겠습니다. 뇌우가 치기 전에 집으로 돌아가야겠어요."

"비행 잘하세요, 댄."

　댄은 곧 구름 같은 물보라를 일으키며 날아올라 북쪽으로 향했다.

　퍼프와 나도 느긋하게 수면을 나아가다가 물을 벗어나 모래사장으로 올라갔다.

"고마워, 퍼프."

　퍼프는 대답하지 않았지만 지금 기분이 좋은 상태임을 느낄 수 있었다. 나는 퍼프의 엔진을 껐다.

잠시 정적을 즐기다가 항공 일지를 펼치고 이번 비행에 관해 짤막하게 한 줄 적어 넣었다. 비행기에서 내린 후 바퀴 밑에 굄목을 받치고 퍼프의 날개와 꼬리를 밧줄로 단단히 묶었다.

하늘에 구름이 시커멓게 끼었는데 바람은 잔잔하고 호수 수면도 매끄러웠다. 오늘의 여행에 관해 무어라 적을까 생각하면서 집으로 가서 냉장고를 열었다…….

퍼프는 엔진이 꺼져있을 때 내게 말을 건 적이 없었다. 이렇게 쓰고 있으면서도 정말 이상하게 느껴지는데 사실이었다. 내 마음속에 퍼프의 목소리가 들렸다.

'리처드, 빨리 와요. 나 무서워요!'

이상하네, 라고 생각했다. 금방 갈게, 라고도 생각했다. 일단 레이더 날씨부터 확인해야 했다……. 레이더 화면을 보니 빨간색과 노란색 불이 보였다. 뇌우가 가까이 와있었다. 어떻게 이렇게 빨리 올 수 있지?

문밖으로 나가자마자 바람이 호수에 거센 파도를 일으키고 있는 게 보였다. 퍼프의 깃발이 바람에 휘날리고 있었다. 퍼프는 바람을 맞으며 바퀴를 바닥에 대고 서서 와들와들 떨고 있었다. 퍼프의 해치부터 단단히 닫고, 캐노피와 엔진을 덮개로 덮기 시작했다. 거센 바람 속에서 덮개를 덮느라 고군분투하고 있는데 밧줄이 자꾸만 손에서 흘러내렸다. 방향타 잠금장치를 신속하게 묶자마자 폭풍우 구름에서 굵은 빗방울이 떨어지기 시작했다. 폭풍우가 어떻게 이렇게 빨리 여기까지 왔지? 몇 분 전까지만 해도 호수가 고요했는데.

두 번째 고정용 밧줄을 꺼내 들고 날개의 스트럿 주변을 감아 고정했다.

'무서워요. 바람이……'

걱정 마, 퍼프. 너를 이중으로 단단히 묶었고 해치도 닫았어. 덮개도 잘 고정해 놨고. 조종 장치도 잠갔고 바퀴도 고정해 놨어. 각도를 비탈 아래쪽으로 맞춰놨으니 바람이 너를 고정끈에서 풀어내려면 토네이도 정도는 되어야 할 거야.

'작년에 왔던 토네이도 기억해요?'

작년의 토네이도는 비행기들을 그야말로 마구 구겨놓았다. 작가가 쓰다가 실패해 확 구겨서 바닥에 던져버린 종이처럼.

올해엔 그럴 일 없어, 퍼프. 이번에는 아니야. 이건 플로리다의 평범한 뇌우일 뿐이야.

호수 저 끝에서 빛이 번쩍이더니 2초 후 날카로운 천둥소리가 들렸다. 살이 따갑도록 거칠고 묵직한 빗방울이 쏴아 쏟아졌다.

괜찮아, 퍼프. 우리가 처음 맞는 뇌우구나! 재미있지?

'아뇨! 하나도 재미없어요! 나는 괜찮을까요?'

괜찮아. 호수에 물을 채우려면 비가 좀 와야 해. 습지의 동식물들한테도 비가 필요해.

나도 몇 년 만에 맞이하는 뇌우였다. 일상에서 폭풍우가 얼마나 거센지 거의 잊고 있었다. 퍼프를 고정끈에서 풀어내리려면 거의 괴물급 폭풍우여야 한다는 것을 알면서도 살짝 두려웠다.

쏟아지는 비를 몇 초 맞았을 뿐인데 몸이 흠뻑 젖었다. 방수 카메라 케이스가 있어서 다행이었다. 사진을 찍었는데, 부자연스러운 줄무늬 몇 개가 난 것 말고는 이미지에 거센 비의 흔적은 보이지 않았다. 실제로는 사진보다 훨씬 축축하고 거친 날씨였다.

잠시 후 퍼프가 조심스러운 목소리로 말했다.

'나도 이 날씨를 즐겨볼게요······.'

이 말의 3분의 1은 진심일 것이고, 3분의 2는 자기가 바꿀 수 없는 현실임을 알고 쥐어짜 낸 용기일 것이다.

아, 비행기들은 사랑하는 인간을 위해 용기를 내는구나.

최고의 계획

 오늘 하루를 요약하자면 이렇다. 공장에서 일부 조정하고 낡은 부분을 없앤 퍼프의 상태와 성능과 속도를 실제 비행하면서 시험해 보기. 조건이 맞으면 오후에 상승기류를 타고 하늘 높이 올라가 보기. 비행하면 정말 즐거울 것이다……. 우리는 어떤 종류의 상승기류를 찾게 될까? 하늘로 올라가 동력을 끄고 커다란 열 덩어리 속으로 들어가면 어떤 상승률을 기록하게 될까?
 아침부터 호수에 바람이 불기 시작하더니 풍속이 시속 24킬로미터에서 시속 29킬로미터로 올라갔다. 이 정도면 강풍에 기체가 고장 날 수도 있어서 수면에서 비행하려던 계획은 포기해야 했다. 일단 몇 가지 소소한 항목들을 살펴보기로 했다. 뒷바퀴 베어링을 교체하고, 슬라이딩 캐노피 해치도 손봐야 했다.

그때 친구에게 무전이 왔다. 오늘 오후에 우박을 동반한 폭풍우가 오고 바람도 꾸준히 분다는데?

큰 폭풍우래?

허수아비는 불을 좋아하고, 양철 나무꾼은 비를 좋아하며, 사악한 마녀는 양동이째로 물벼락 맞는 걸 좋아하듯이, 작은 비행기는 우박을 동반한 폭풍우를 좋아한다. 우박을 동반한 폭풍우가 눈 깜짝할 새에 그들을 박살 낼 수 있지만 말이다. 나는 그 사실을 너무나 잘 알았다.

나는 퍼프를 밧줄로 칭칭 감아 호숫가에 두었다. 거친 바람이 파도 끝에 하얀 거품을 묻혔다. 퍼프는 호숫가에 무방비 상태로 서있었다. 고요히 잠든 퍼프는 내게 말 한마디 걸지 않았다. 퍼프는 나를 맹목적으로 믿고 있었다. 내가 자기 목숨을 구하기 위해서라면 뭐든 한다는 걸 알고 있었다.

호수 건너편에 커밋 윅스의 '비행 판타지' 항공박물관이 보유한 거대 격납고가 서있었다. 그곳에는 커밋 윅스가 보유한 오래된 비행기들이 전시돼 있다. 퍼프의 안전을 생각한다면 이 바람을 타고 커밋의 수상비행기 램프로 날아가는 게 최선이었다. 물을 타고 가다가 물 밖으로 올라와 커밋의 격납고로 가서 누구든 이 폭풍우에 우리 부랑아들에게 쉴 곳을 내줄 때까지 문이라도 두드려 봐야 했다.

커밋 윅스가 외부 비행기를 격납고에 넣어주지 않는다는 걸 알면서도 나는 책임감에 떠밀려 어쩔 수 없이 전화를 걸었다.

"커밋, 폭풍우 오는 거 알고 있……?"

"엄청 큰 폭풍우예요! 레이더를 봤습니다. 당장 퍼프를 여기로 데려와요, 리처드. 큰 격납고에 넣읍시다."

"고마워서 어쩌지……."

"괜찮아요. 강풍이 오고 있잖아요. 당장 데려오세요."

나는 당장 호숫가로 내려가 퍼프를 덮은 덮개, 조종 로크, 고정용 밧줄을 풀었다. 바람이 벌써 휘몰아치고 있어서 퍼프는 왼쪽으로 기체가 기울어진 상태였다.

다 괜찮을 거야, 하며 나는 마음을 달랬다. 800미터만 건너가면 돼. 한쪽 날개 밑으로 바람이 치고 들어오게만 하지 말자. 그건 절대 안 될 일이니까. 그랬다간 호수 한가운데서 전복될 테고…… 도저히 용납할 수 없는 일이 벌어지게 된다.

바퀴 밑에 놓아둔 굄목을 치우고 조종석으로 올라갔다. 마스터 스위치를 **켜고**, 부스터 펌프를 켜고, 초크(엔진이 시동될 때 공기 흡입을 줄이고 연료가 풍부한 전하를 실린더로 끌어들일 수 있게 해주는 장치—옮긴이)를 **켜고**, 매그 2 스위치를 **끄고**, 스로틀을 쉼 상태로 놓았다.

바람에 역방향이 되도록 유지하자, 리처드. 모든 게 괜찮을 거야.

"준비 완료!"

시동 키를 '시작'으로 놓자 퍼프가 눈을 껌벅이며 깨어났다. 엔진이 즉시 점화되었다. 매그 2 스위치를 **켰다.** 유압이 올라오자 초크를 **껐다.** 스로틀을 위로 올리고 엔진을 껐다.

퍼프는 질문은커녕 아무 말도 하지 않고 미끄러지듯 호수로 들어갔다. 조종사가 하얀 파도를 뚫고 가야 한다고 지시하면 비행기는 그 지시를 따를 뿐이다.

바퀴 **올려.** 우리는 바람 속으로 속도를 조금 더 높였다.

내가 케리 리히터라면 여기서 동력을 올리고 고속으로 호수를 건너갈까? 아니다. 케리는 이렇게 잔물결이 거세게 칠 때는 속도를 내면서 비행기를 압박하지 말라고 했다. 그냥 자연스럽게 가게 두면 된다고 했다.

그러면 속도가 더 느려질 수밖에 없었다. 기수 아래쪽에서 치고 올라오는 파도 때문에 전면 유리에 물이 잔뜩 튀었다. 유리 너머로 건너편 호숫가가 가까스로 보였다. 그 외에는 아무것도 보이질 않았다. 내가 지금 보고 있는 광경을 사진으로 찍으면 멋지지 않을까? 아마 그럴 것이다. 하지만 지금 챙길 게 한두 가지가 아니라서 사진을 찍을 겨를이 없었다.

호수를 4분의 1정도 건너갔다. 돌아보지 마. 이 바람에서 벗어날 생각은 하지도 마.

절반쯤 건너가자 호숫가와 활주로 사이에 커밋이 세워둔 담장이 기억났다. 길 잃은 소가 착륙 중인 비행기의 진로를 방해하지 않도록 만들어 둔 담장이었다. 그 담장에는 소가 드나들 수 있는 문이 있는데, 비행기가 드나드는 용도는 아니었다.

우리가 램프를 타고 올라간다면 격납고로 갈 방법이 없었다.

퍼프는 폭풍우에 속절없이 휘말릴 것이다. 이대로 호숫가에 서 있는 것과 다를 바 없게 된다. 호숫가에 닻으로 고정하지도 못했으니 더 큰일이었다.

차라리 날아서 담장을 넘어가 활주로로 들어가자.

되돌아가는 건 생각도 할 수 없었다. 한쪽 날개를 바람에 맡기고 방향을 바꾸면 삽시간에 가라앉을 것이다……. 돌아가는 건 불가능했다.

날아가야 했다.

수상 이륙을 위해 바퀴들을 전부 **올렸다.** 거친 물에서 양력을 최대한으로 받기 위해 플랩을 완전히 **내리고** 부스트 펌프를 **켰다.** 가자, 퍼프.

마음을 다잡으며 때를 기다렸다. 애초에 비행이 아니라 이대로 호수를 떠서 건너갈 계획이었기 때문에 나는 안전벨트나 어깨 하네스를 하지도 못한 상태였다. 일단 안전벨트부터 맸다.

우리는 거친 물에서 이륙해야 했다. 바람을 안고 날아오르는 지점까지 가자 물이 잔잔해지면서 파도가 사라졌다. 90미터 앞쪽의 수면도 더없이 고요해서, 저쪽의 큰 파도가 어떻게 생겨났는지 모를 지경이었다. 이 정도면 옆바람을 타고 이륙하기도 쉽지 않아, 퍼프. 그래도 당장 우리를 내려칠 폭풍우는 없으니 시도해 보자.

우리는 파도 사이로 나아가다가 부드러운 바람이 부는 동쪽 지점에 다다랐다. 호숫가를 따라 곡선을 그리며 부는 옆바람을 안고 날아올랐다. 바람을 타고 올라간 순간, 거친 난기류에 휩쓸려 옆으로 밀릴 각오를 했다. 단순한 움직임이지만…… 상승할 때 수백 가지 느낌에 의존해야 할 것이다. 그대로 선회해서 조심스럽게 옆바람을 타고 거대한 격납고로 이동하면 된다.

가자, 퍼프. 이까짓 거 식은 죽 먹기지.

퍼프도 식은 죽 먹기라 믿는지, 나만큼 스트레스를 받지는 않는 것 같았다.

스로틀을 완전히 작동시키자 퍼프는 곧 준비가 되어 삽시간에 수면에서 날아올랐다. 호숫가 나무 위를 지나가면서 거센 바람에 오른쪽으로 날개가 휘는 느낌이 들었다. 우리는 옆으로 기울어진 상태로 날아야 했다.

작은 수상비행기 퍼프는 500피트를 악착같이 올라가 풀밭 활주로 쪽으로 선회했다. 비행 판타지 항공박물관 관람객들이 우리 쪽을 올려다보았다. ……저 비행기는 뭔데 이렇게 센 바람이 부는데 비행하고 있지? 뭐 이런 생각일 것이다.

나는 기어 스위치를 조정했다.

"지상 착륙을 위해 바퀴 모두 **내려**."

나는 큰 소리로 외치면서 플랩과 부스트 펌프를 점검하고, 퍼프가 최대한 매끄럽게 날 수 있도록 했다. 지상에 가까워지면서 맞바람을 맞은 퍼프의 속도는 시속 32킬로미터 아래로 내려왔고 마침내 풀밭에 바퀴가 닿았다. 한동안 옆바람을 타고 격납고 쪽으로 천천히 다가갔다. 마침내 커밋이 지어놓은 괴물처럼 큰 건물의 보호를 받게 되자 나는 비로소 엔진을 껐다. 나를 굳게 믿는 퍼프는 아무 스트레스도 받지 않고 그대로 잠이 들었다.

나는 퍼프를 고요한 동굴 같은 격납고 안으로 데려갔다. 격납고 바닥이 정찬용 접시만큼이나 깨끗했다. 격납고 가장자리 쪽에 퍼프가 들어갈 만한 빈자리가 보여 그곳에 퍼프를 세웠다.

얼마 지나지 않아 커밋이 격납고로 들어왔다. 그는 거대한 B-25를 격납고에 들여놓고 있었다. 우박이 전투기를 파괴할 수는 없지만 금속 표면과 플렉시글라스에는 큰 손상을 입힐 수 있을 것이다.

퍼프와 나는 오늘 별다른 비행을 하지 않았고 하늘 높이 날아오르지도 않았다. 그저 3분 동안 급박하게 날아서 여기로 온 게 전부였다.

그리고 다섯 시간 후 나는 이 글을 쓰고 있다. 우박을 동반한 거대한 폭풍우의 기운은 아직 보이지 않았다. 폭풍우가 아직 도착하지 않은 것이다. 덕분에 퍼프는 무사히 에어로 클럽에 들어와, 끝없이 다양한 이야기를 들려줄 비행기들에게 둘러싸였다. 퍼프는 커티스 P-40 워호크의 날개 바로 옆, 노스 아메리칸 P-51 머스탱의 코, 수퍼마린 스핏파이어의 꼬리 근처에 자리했다. 그 건너편에는 그루먼 어벤저 뇌격기가 있었다.

퍼프의 맞은편에는 1911 커티스 푸셔가 있고 그 옆에는 1918 소피스 스나이프, 통합 B-24 리버레이터 폭격기, 그루먼

덕 수륙양용 복엽기가 있었다. B-24의 거대한 꼬리 구조물이 퍼프의 조종석을 내려다보았다.

거대한 격납고 안에서 가장 작고 가벼운 민간 비행기인 퍼프는 꼭 쥐처럼 보였다. 폭풍우가 몇 차례 더 오기로 되어있어서 퍼프를 월요일까지 여기 두기로 했다. 여기 있는 동안 퍼프는 자기가 태어나기도 전에 있었던 과거 이야기를 한두 개쯤 듣지 않을까.

나는 시인 로버트 번스의 시에 동의하지 않는다. 생쥐와 인간이 정교하게 계획을 세우면 그 계획은 빗나가지 않는다는 내용의 시다. 오늘 나는 이런 깨달음을 얻었다. **재앙처럼 보이는 일이 뜻밖에 우리 운명을 바꿀 수도 있다.**

고요한 날

　이틀 후 퍼프는 커밋의 에어로 클럽을 나왔다. 폭풍우에 전혀 손상되지 않고 멀쩡하게 나왔는데 어째서인지 조금…… 멍해 보이기는 했다.

　풀밭 활주로 끝을 향해 한참 서서히 달려가는 동안 퍼프는 말이 없었다. 전투기들과 함께 보낸 시간에 대해 내게 무슨 말이라도 할법한데 조용하기만 했다. 어쩌면 선배 비행기들에 대한 예의로 침묵하는 것일 수도 있다. 즐겁게 말할 수 있는 상황이 아니라면 차라리 아무 말 안 하는 게 나을 수도 있으니까.

　그 전투기들도 외상 후 스트레스 장애를 앓고 있을 것이다. 전쟁 중 복무하면서 그렇게 됐을 수도 있고, 더 이상 싸울 적이 없어진 상황에서 전장이 그리워서 그럴 수도 있지 않을까? 퍼프는 외상 후 스트레스 장애를 앓는 전투기들과 함께 새벽 2시에 대공포, 포탄 소리와 똑같은 천둥소리를 들으며 격납고에 머물렀다. 퍼프는 엔진을 끄고 차갑게 앉아있을 뿐 편안하게 쉬지는 못했을 것 같다.

전쟁이 무엇인지, 왜 전쟁이 벌어지는지도 모르는 퍼프는 전쟁 이야기가 오가는 그곳에서 아무 말도 못 했을 것이다. 퍼프는 이륙 준비를 하는 지금도 침묵하고 있었다.

바람이 풀밭을 향해 불었다. 내가 스로틀을 완전히 밀기도 전인데 퍼프는 어서 그곳을 떠나고 싶어 안달 난 것 같았다. 2분 동안 어색한 침묵 속에서 우리 집이 있는 호숫가로 건너왔다. 안전한 호숫가 근처에 수상 착륙을 하는 동안 호수 깊숙한 곳에서 낯선 바람이 불어와 사자의 앞발 같은 물결을 일으켰다. 약한 바람이라 하얀 파도를 일으킬 정도는 아니었다.

호숫가로 올라와 밧줄로 고정하자 퍼프는 한마디도 하지 않고 곧장 잠들었다.

퍼프를 데리고 비행을 좀 해볼까 했는데, 전투기들과 함께한 퍼프의 기분을 생각하니 마음이 불편해져서 그만두었다.

바람이 시속 32킬로미터이긴 했지만…… 바람 때문에 비행을 못 할 정도는 아니었다. 그 정도 바람이면 지상에서도 이륙할 수 있을 것이다. 퍼프도 자신 있어 했었다. 하지만 우리는 수상 이륙을 더 잘해왔고 한계점을 그어뒀기 때문에 그 한계점을 넘어가는 게 편치 않았다. 예전에 어느 수상비행기 조종사가 내게 이런 말을 한 적 있었다.

"육상비행기 조종사들도 나름 고민이 있어. 그래도 물밑에 가라앉을 걱정은 안 하지."

바람 때문이 아니라 우리가 떨어져 있던 시간과 관련해 좋지 않은 기분이 드는 건 사실이었다. 퍼프와 나는 오늘 어떤 얘기도 나누지 않았다. 퍼프는 에어로 클럽에서 전투기들과 무슨 일이 있었는지 나에게 말하지 않았다. 내 비행기는 감사 인사를 하지 않았지만 나는 퍼프에게 안식처를 제공해 준 커밋 웍스에게 고마울 뿐이었다.

그날 나는 소소한 수리를 하며 시간을 보냈다. 뒷바퀴의 베어링을 굳이 새것으로 교체할 필요는 없을 듯했다. 머리 받침을 수리하고, 여행에 필요한 짐을 싣는 연습을 했다. 사흘 연속으로 비행을 못 했더니 답답했다.

문득 이런 생각이 들었다. 퍼프가 나도 군 조종사였다는 걸 떠올리고 나를 나쁜 놈으로 보는 걸까? 나와 퍼프의 우정이 여느 인간관계처럼 묘하게 꼬이고, 대화의 부재와 오해로 점철되는 걸까?

울적한 기운이 느껴졌지만 한편으로는 반갑기도 했다. 한 번도 이런 적이 없었는데 지금 우리 사이에 울적한 기운이…… 퍼져나가는 듯했다.

내일이 어서 오길 바랄 뿐이다.

다음 날

 지난 오십 년 동안 나는 내 통찰력을 믿고 살아왔다. 나는 비행기도 영혼이 있음을 알고 있었다. 나는 《강철, 알루미늄, 너트와 볼트(Steel, Aluminum, Nuts and Bolts)》라는 에세이의 '날개의 재능'이라는 장에서 그런 얘기를 쓴 적 있다. 나는 내가 겪은 놀라운 경험을 그 에세이에 진실하게 담아냈다.

 오십 년 후 시레이 퍼프를 생각하면 이 얘기를 안 할 수가 없다. 나는 오랫동안 비행기와 대화를 나눴는데, 퍼프와 얘기를 나눌 때는 서로의 느낌을 어떤 이미지로 떠올리게 된다. 그 이미지를 말로 표현하는 것이다. 마음속으로 퍼프의 말을 느낄 때 딱히 놀랍거나 희한하다는 생각은 들지 않는다. 나 역시 마음으로 퍼프에게 말을 전하면서 우리는 대화를 나눈다.

그런데 어제부터 분위기가 달라졌다. 퍼프가 폭풍우를 피해 전투기들로 가득 찬 에어로 클럽 격납고에서 이틀 밤을 지내고 돌아온 뒤부터 그렇게 됐다.

퍼프는 한마디 말 없이 거대한 격납고를 나왔다. 내가 무슨 일 있었냐고 물었다면 아마 퍼프는 이렇게 대답했을 것이다. '아, 별일 없었어요…….'

묻지 않아도 퍼프가 어떤 기분인지 알 수 있었다. 우리 사이가 벌어진 느낌이었다. 그 상태로 하루 밤낮이 꼬박 지났는데도 우리 사이는 좁혀질 줄 몰랐다.

시간이 흘렀으니 어제 어두운 격납고에서 바람을 피해있던 기억을 잊고 괜찮아지지 않았을까 하는 생각이 들었다. 나는 퍼프를 묶었던 줄을 풀고 비행 전 점검을 한 후 퍼프를 몰고 물로 나가 시동을 걸었다.

"좋은 아침이야, 퍼프."

평소 행복하게 철벅 물에 내려앉던 퍼프는 조용히 미끄러지듯 호수로 내려갔다.

'당신은 여전하네요.'

"넌 전과 달라졌다는 말인 것 같네."

나는 퍼프의 말이 무슨 뜻인지 알 것 같았다.

'당신은 군 조종사였잖아요. 총이랑 폭탄, 로켓을 쏘던 군 조종사요. 당신은 파괴자였어요.'

"나는 조종사로 여러 번 참전했어, 퍼프. 그래도 누굴 죽이진 않았어."

'죽일 수도 있었어요.'

"그랬는지도 모르지. 그랬을 수도 있지."

이 말이 부디 진실이길 나 역시 믿고 싶었다.

'요즘은 그런 일 안 해요?'

"안 해. 오래전 일이야. 전투기 조종사들 나이가 어린 것도 그런 이유 때문이야."

'지금의 당신은 예전의 당신과는 다르다는 거네요.'

"아. 밤에 격납고에서 다른 전투기들과 함께 지내는 동안 넌 네 조종사가 파괴자였다는 걸 알게 됐구나. 지금까지 늘 믿어온 나를."

'당신은 예전의 당신과는 달라요.'

"퍼프, 그때 나는 어린애였어. 그냥 날고 싶었어! 그래서 남들이 하는 말을 믿었어. 넌 나라를 지켜야 한다! 전투기 조종사가 돼라!"

'당신은 전쟁터에 있었어요. 당신은…… 그들 말대로…… 혹시……?'

"퍼프, 네 말이 맞아. 지금 나는 과거의 나와는 달라. 어린 시절의 나와 얘기를 나눌 수 있다면…… 나는 비행복과 내중력복을 입은 그 아이에게 어떻게든 다가갔을 거야. 맹목적인 자부심을 품고, 같은 나이 또래에 불과한 상급 장교의 말을 무조건 믿고 따르는 그 아이에게 내가 얼마나 진실을 말해주고 싶은지 아니?"

'그래요? 말을 할 수 있었어요?'

"이런저런 버전의 그에게 다가가기는 했어. 그중 하나는 결국 오늘날의 내가 됐지."

마음 편한 대화가 아니었다. 호수의 푸른 물이 퍼프의 기수 쪽에 눈송이 같은 물방울을 흩날렸다. 우리 다른 얘기 하면 안 될까, 퍼프?

'그중 하나가 당신이군요.'

"너와 함께 격납고에 있던 그 전투기들. 그들은 제트기가 아니잖아. 나는 제트기를 타고 날았어."

'격납고 분위기가 어땠는지 알 거예요. 격납고 안에서 밤새 얘기를 들었어요. 머스탱은 "더블유 더블유 투"를 계속 외쳐댔어요. 온통 폭격, 습격, 전투 얘기였죠. 스핏파이어는 그걸 '거대한 쇼'라고 불렀지만 그건 쇼가 아니었어요. 그들은 비행기들을 죽인 거예요. 물론 다른 것도 죽였죠. 사람도 죽었고요. 하지만 중요한 건 그들이 동족인 비행기를 죽였다는 거예요!'

"그들은 노예나 다름없는 상태였어, 퍼프. 꼭 해야 하는 일이라고 믿어서 그 일을 한 거야. 아무도 경험한 적 없는 전쟁이었어. 비행기, 그리고 그 비행기를 사랑한 사람들을 싸움 붙인 셈이야. 그들은 미래를 위해 싸운다고 믿었어. 작은 수상비행기들이 햇빛을 받으며 자유롭게 날아가는 미래, 숨겨진 호수에 착륙하는 미래겠지. 그들이 믿고 지키려 한 미래는 바로 너야!"

'그들은 그렇게 믿었죠. 그게 진실일까요?'

"그때는 그 생각이 옳았어. 우리 인간들은 겁을 먹으면 낯선 자들을 품에 안기보다는 죽이려고 들어. 그래야 우리가 죽지 않을 거라고 믿으니까. 하지만 비행기들은 달라."

'그들은 전투기들이에요. 그들은 밤마다 전쟁에서 있었던 일을 얘기했어요. 매시간 누군가를 죽여 없애는 이야기요!'

"그 당시 전투기를 몇 대나 만들었는지 알아? 스핏파이어, 머스탱, 선더볼트 같은 전투기 말이야."

'수백 대겠죠.'

"수만 대였어. 매년 전투기 수만 대를 만들어서 공중전에 내보냈어. 전쟁이 끝나고 몇 대나 남았는지 아니?"

'아뇨.'

"머스탱 쉰 대, 스핏파이어 열두 대, 매서슈미트 세 대, 허리케인 열 대. 그 외에 몇 대가 다야. 거의 수만 대가 부서지고, 바다에 가라앉고, 총에 맞아 추락하고, 공중에서 폭발했어."

문득 의문이 들었다. 비행기의 영혼도 우리의 영혼 같을까? 내가 인간의 몸을 선택한 것처럼 퍼프가 비행기라는 몸을 선택했을 뿐이라면 우리의 영혼은 같지 않을까?

"전투기도 죽고, 그 전투기에 타고 있던 조종사들도 죽었어. 그들이 꿈꾼 미래도 죽었지. 인간들은 지도자를 원하고, 지도자는 권력을 원해. 그래서 비행기들이 죽은 거야. 지도자는 지배하기 위해, 파괴하기 위해 권력을 원하는 경우가 대부분이니까."

'당신은 인간이잖아요.'

"나는 인간이지만 지도자는 아니야, 퍼프. 내가 지도자였으면 나도 남을 지배하고, 강제하고, 죽이는 일에 권력을 썼겠지. 정치 지도자나 종교 지도자나 똑같이 원하는……."

'리처드, 그만해요!'

나는 눈을 껌벅였다. 이 대화로 우리의 우정은 다른 양상으로 변하고 있었다.

"아, 퍼프. 미안. 내가 너무 어두운 얘기를 했나 봐."

'어쩌면 나는 과거에 스핏파이어였을지도 몰라요. 지금은 수상비행기죠. 이렇게 된 이상 최고의 수상비행기가 될 생각이에요.'

퍼프의 미소가 느껴졌다.

'그러려면 당신의 도움이 필요해요.'

비행기의 유머 감각은 역시 대단했다. 퍼프가 최고가 되려면 분명 내 도움이 필요할 것이다.

그 순간 나는 퍼프의 미소 이면을 보며 생각했다. 나도 최고의 인간이 되려면 퍼프의 도움이 필요해.

'오늘 우리 어디로 가요?'

나와 마찬가지로 파괴자이며 생명의 구원자의 자손인 퍼프는 이제 우리가 나아갈 방향을 고르고 있었다. 앞으로 우리는 매 순간 그렇게 할 것이다.

나는 오늘 이런 깨달음을 얻었다. **우리는 변한다. 과거의 우리는 현재의 우리가 아니다.**

"북쪽으로. 오늘은 북쪽으로 가서 배울 게 있나 보자."
우리는 북쪽으로 날아갔다.

활상(滑翔)의 날

  오늘 아침은 죽은 듯이 고요했다. 구름 한 점 없는 하늘이 맑은 호수에 거울처럼 반사됐다.

  우리는 호숫가에서 물로 비스듬히 내려갔다. 비행기를 고정한 밧줄을 풀고, 바퀴 굄목을 치우자 퍼프는 마치 구르듯 자연스럽게 물로 내려갔다.

  오늘 나는 하이킹 부츠를 신고 물로 내려갔다가 얕은 호수를 걸어 퍼프의 조종석에 올라타는 연습을 했다. 이게 가능하다면, 장거리 여행 때 신발을 추가로 가져갈 필요가 없을 것이다. 그러면 무게를 조금이라도 덜 수 있겠지. (이것은 내 미래를 위해 적어놓는 것이다. 지금의 나는 이렇게 쓰고 있다. 부츠를 신고 물에 들어갈 필요는 없다. 젖은 부츠를 신고 몇 시간 날다 보면 바짝 마른 신발이 그리워질 테니까.)

시동을 걸자 퍼프가 깨어났다. 어제의 스트레스는 기체 아래 물밑으로 가라앉혔는지 오늘 퍼프는 여느 때처럼 호기심으로 가득했다.

'오늘 우리 활상을 할 건가요?'

퍼프가 가르랑거렸다. 지금 퍼프는 날개의 무게를 감당해야 하는 보트지만, 잠시 후에는 보트의 무게를 감당해야 하는 비행기가 될 것이다. 그러니 내가 기술적으로 까다롭게 구는 것도 어쩔 수 없었다.

동력을 조절하자 기체 양옆으로 잠시 물보라가 날렸다. 햇살 아래 다이아몬드가 산처럼 쌓이는 듯했다. 간단한 동작을 수행한 퍼프는 곧 하늘로 자유로이 날아올랐다.

"게임을 해보자, 퍼프. 우리는 1,000피트 상공에 있어. 동력을 조금만 사용할 수 있는 상황이라고 가정하고 최저 속도로 나는 글라이더인 척해보자."

'최저 속도'란 비행기가 정체된 공기에서 최대한 천천히 하강할 때의 속도를 가리키는 말이다.

퍼프의 최저 속도는 시속 88킬로미터였다. 우리는 그 속도를 유지했고, 엔진은 낮은 동력으로 부드럽게 작동했다. 거친 공기를 찾아가 최대한 큰 공기 덩어리에 올라타려 했는데 운이 따라주지 않았다. 여기도 저기도 작은 공기 덩어리뿐이었다. 우리는 가까스로 공기 덩어리에 올라타 선회하며 1,500피트까지 날아올랐다가 하강기류를 타고 고도를 낮췄다.

'어려워요. 양력 없이 상승하는 게 쉽지 않네요.'

당연하지. 그래서 우린 늘 엔진 동력을 사용할 수밖에 없어.

'그건 속임수잖아요.'

저 아래 아무도 없는, 드넓고 푸르게 펼쳐진 초원이 보였다. 공중에서는 매끄러워 보이는데 실제로도 그런지 확인해 보고 싶었다. 조종간을 앞으로 쭉 밀자, 양력을 찾던 퍼프의 관심이 돌아왔다. 우리는 초원을 향해 강하했다. 매끄럽고 평평한 데다 사람들 사는 곳과도 거리가 있어서 충분히 착륙할 수 있을 것 같았다.

그때 휘익! 하고 상승기류에 휘말리자 퍼프의 날개가 덜덜 떨렸다. 양력이었다! 우리는 최저 속도를 유지하면서 올라가 부르르 떨며 선회했다. 상승률 게이지를 보니 분당 1,000피트였다. 우리는 상승 온난 기류를 타고 2,500피트까지 올라갔다. 퍼프의 새로운 고도 기록이었다.

지금 퍼프는 덮개를 덮은 채 내일의 모험을 꿈꾸며 잠들어 있다.

나는 일요일에 시애틀로 떠날 것이라는 얘기를 아직 퍼프에게 하지 않았다.

캣 할머니

처음에 그녀는 혼자였다. 카탈리나(캣 할머니)는 추억을 안고 홀로 살고 있었다.

그때 가까이 다가오는 소리가 들렸다. 작은 프로펠러가 돌아가는 소리. 그리고 작은 목소리가 그녀를 불렀다. 할머니?

"그건 다른 시대 얘기란다, 꼬마야. 다른 시대. 네가 태어나기도 전의 얘기야."

"우리의 목표는 바다에 떨어진 비행기에서 물을 퍼내고 있을 그들을 찾는 거였어. 조종사들을 구해야 했지. 남태평양에서 뗏목을 타고 떠다니는 사람이 얼마나 조그맣게 보이는지 상상이 가니?"

"내가 뗏목으로 다가가니까 조종사가 외쳤어. '사랑해, 캣!'"

"그때 우린 총 열여섯 대였어. 종일 날아다녔지. 다른 비행기들은 총에 맞아 추락하고, 부딪혀 깨지고, 폭풍을 만나 망가져서 다들 사라졌어. 남은 건 나뿐이야. 그래도 가끔 그들과 얘기를 나눈단다."

"낸시 보트도 클리퍼 십도 나와 함께 있어. 난 너랑도 함께 있을 거야, 퍼프."

"어두운 밤에 나를 부르렴. 네가 두렵거나 외로울 때. 내가 너와 함께 있다는 걸 명심해."

"잊지 마, 꼬마 퍼프야. 네가 단순히 금속과 천으로 이루어진 존재가 아니듯이, 네 조종사도 단순히 뼈와 살로 이루어진 존재가 아니야. 둘 다 영혼을 갖고 있어."

"내 날개가 지금 네 위에 있어. 네가 어디로 날아가든 난 늘 너와 함께일 거야."

'기억할게요, 캣 할머니! 기억할게요.'

첫날 그리고 스플래시 인

오늘 아침에 퍼프는 양력을 받아 15초 동안 물에 떠있었다. 각종 도구며 예비 부품, 생존 장비에다 나, 연료, 마실 물, 땅콩, 오레오 쿠키, 선글라스, 모자까지 싣고 있어서 무게가 상당했는데도 길게 미끄러지다가 무탈하게 이륙했다. 안녕 호숫가여, 안녕 호수여, 안녕 집이여.

우리는 지상 1,000피트 상공에서 평행하게 비행했다. 아침의 열 기류를 나타내는 첫 구름 조각이 보였다. 깨끗한 강물 위로 지나가기도 했다. 나는 캐노피를 열어놓고 비행하길 좋아했다. 그렇게 하면 시레이에 비용을 추가로 들이지 않아도 비행 중에 신선한 공기를 마실 수 있어 좋았다.

30분 동안 010도에 맞추고 날아가는데 타바레스의 스플래시인 행사에 참석한 수상비행기들이 떠드는 소리가 무전기를 통해 흘러들었다. 몇 킬로미터 남쪽에 있는 누군가가 무전기로 물었다.

"오늘 지정 비행경로를 사용하실 분 있습니까?"

그 조종사의 물음에 아무도 대답하지 않았는데, 그건 이런 뜻이었다. '어이, 여긴 큰 호수예요. 지정 비행경로로 날고 싶은 모양인데, 그냥 혼자 날아요.' 다른 분야도 마찬가지겠지만 비행의 세계는 실용적인 성향이 강해서 학교에서 배우는 것과는 좀 다르다.

호수의 수면은 대체로 잔잔했다. 우리는 바람에 잔물결이 약간 이는 곳으로 내려갔다. 고속으로 나아가다가 램프에 도달했는데, 가서 보니 수상비행기와 방문객들이 잔뜩 들어차 있었다. 나는 호숫가 갈대밭 쪽에 비행기를 대기로 했다. 퍼프가 그쪽으로 천천히 다가갔다. 갈대가 무성하게 자라고 있어서 퍼프는 마치 모래사장에 올라간 듯 속도가 확 줄면서 멈췄다.

엔진을 끄고 조종석에서 내려갔다. 1미터 가까이 자란 갈대 사이로 물에 발을 디뎌야 했다.

퍼프를 그 자리에 고정하기 위해 닻을 설치하며 생각했다.

"오늘 네 자리는 여기야, 퍼프."

'하하.'

퍼프는 잠결에 나지막하게 웃었다.

수상비행기들을 둘러싼 인파 사이로 걸어갔다. 그곳에 모인 수상비행기 열다섯 대 중 아홉 대가 시레이였다.

미국에서 수상비행기로 유명한 이 도시에 아름다운 비행기들이 모여있으니 이만하면 성공적인 스플래시 인 행사였다. 우리는 그곳에 잠시 머물다가 갈대밭을 벗어나 댄 니컨스의 호수를 향해 이륙했다. 우리에게는 국토 횡단 여행의 첫날이었고

(스플래시 인 행사 때 남아있는 유일한 공간에 비행기를 세우고 조종석에서 찍은 사진. 물론 무료 주차다.)

댄에게는 마지막 날이었다. 댄은 격납고에서 제니퍼의 상태를 점검하면서 작업을 마무리하는 중이었다.

댄은 퍼프가 바닷물에 착륙할 경우에 대비해야 한다고 내게 조언한 적이 있었다. 나는 그게 어떤 의미인지 자료를 읽고 확인했다.

착륙하는 동안 나는 '우린 바닷물에 대비할 거야'라는 생각

을 무심코 했는데, 그 후에야 내 생각을 퍼프가 들을 수 있다는 걸 깨달았다. 퍼프가 화들짝 놀라지 않을까. 대부분의 수상비행기들은 바닷물에 닿는 걸 무서워한다. 세심하게 관리해 주지 않으면 바닷물은 산성 물질과 마찬가지로 비행기를 부식시킬 수 있기 때문이다.

그런데 퍼프는 전혀 움찔하지 않았다.

'캣 할머니는 매일 바닷물에 착륙했다고 했어요.'

퍼프는 전혀 두려워하지 않았다. 캣이라는 비행기에게 어렵게 비행했던 시절의 이야기를 들은 모양이었다.

댄은 내게 부식 억제제인 '팔 알 케톤' 한 통(나는 이걸 파랄 케톤이라고 부르곤 했는데, 댄은 나중에 내게 화학약품 이름을 똑바로 발음하는 게 중요하다고 조언해 주었다)을 건네주려고 잠시 작업을 멈췄다. 뻑뻑한 왁스 같은 질감이라서 붓으로 칠하게 되어있었다. 댄이 말했다.

"지금 손질을 잘해놓으면, 나중에 할 일이 줄어들어요." 어쩐지 불길하게 들리는 말이었다. 그에게 붓과 부식 방지제를 건네받자 불길한 느낌이 더 짙어졌다. "비행기의 모든 너트와 볼트에 이걸 꼼꼼하게 칠해야 합니다." (참고로 시레이 한 대에 쓰이는 너트와 볼트는 셀 수도 없이 많다.)

세 시간이 지나자, 앞으로 살아있는 동안에는 팔 알 케톤을 다시는 볼 일 없기를 바라게 됐다. 퍼프의 날개와 기체에도 부식 방지 스프레이인 '코로전-X'를 뿌릴 준비를 했다. 비행기 전체를 부식으로부터 보호하려면 스트럿과 구멍에도 죄다 꼼꼼하게 뿌려줘야 했다……. 비행기 어디에든 바닷물이 튀어 묻을 수 있기 때문이었다.

두 시간이 지나자 거의 밤이었다. 댄은 점검을 마쳤고 나는 살아있는 동안에 다시는 코로전-X를 들이마시지 않겠다고 또 한 번 맹세했다. 팔 알 케톤도 다시는 칠하고 싶지 않았다.

나는 독자 여러분이 수상비행기에 바닷물이 닿지 않게 이렇게까지 준비할 일은 없기를 바란다. 대신 푸른 풀밭과 당근 사이에서 뛰어다니는 토끼 꿈만 꾸길 바란다.

그리고 오늘 꿈에서는 내일 좋은 일이 일어날 것 같은 징조를 보고 싶다.

일출을 기다리며

 오늘의 마지막 퍼즐이 맞춰졌다. 오늘은 댄과 제니퍼의 시험비행 날이었다. 제니퍼가 비행 테스트를 통과하지 못하면 퍼프와 나는 홀로 태평양을 가로질러 비행해야 했다.
 "옆에서 나란히 비행해도 될까요?"
 나는 퍼프가 제니퍼한테서 그리 멀지 않은 곳에서 비행하는 게 예의라고 생각했다. 가까이서 날면 시험비행 중에 댄의 비행기의 어떤 부품이 떨어져 나갔는지 알려줄 수 있을 것 같아서였다. 댄에게 중요한 정보를 제공하는 게 퍼프와 내가 해야 할 도리인 것 같기도 했다.
 그런데 결과적으로 제니퍼는 비행 중에 어떤 부품에도 말썽이 생기지 않았다. 단계별로 서서히 이동하기, 스트레스 상황에서 기체 시험하기, 저고도 비행, 1,000피트까지 상승하기, 저속 비행 및 실속, 고속 비행하기. 이 과정을 차례로 진행하는 동안 어떤 부품도 떨어져 나가지 않았고, 상태도 좋았다.

농장, 들판, 나무들이 있는 건조한 육지 위를 날아가면서 댄이 "수상 착륙에 대비해 바퀴를 모두 올리겠습니다"라고 말한 걸 보면, 그도 이 시험비행을 여느 시험비행과 똑같이 여기지는 않은 모양이었다. 나는 그가 잘못 말했다고 생각했다.

우리는 "뭐라고요?"라고 묻지 않고 잠자코 그의 뒤를 따라갔다. 댄의 비행기는 속도를 낮추고 플랩을 내렸다. 제니퍼가 테니스 코트만 한 크기의 작은 연못에…… 착륙하려는 모양이었다! (실제로 내려가서 보니 그 연못은 축구장만 한 크기였다. 댄은 이 연못을 우리가 보는 것보다 크게 인식했는지 우리더러 그 위에서 선회하면서 이륙 연습을 하게 했다.)

퍼프와 나는 선회 이륙을 해보긴 했지만, 이렇게 좁은 물에서 해본 적은 없었다. 선회 착륙도 마찬가지였다.

댄이 할 수 있다면 우리도 할 수 있어, 퍼프.

우리보다 앞서 날던 댄은 푸른 초원 안쪽의 물 위에 착륙을 시도했다. 물가 안쪽에서 몇 미터 정도 좁게 선회하면서 물 위를 스치듯 날았다.

'쉽네요.'

퍼프는 경험과 자신감이 쌓이면서 점점 우아하게 변화하고 있었다. 나도 나를 믿는 척했다. 우린 해낼 수 있을 것이다.

"바퀴 올리고 플랩 내립니다. 부스트 펌프를 켜고 동력을 낮추겠습니다."

우리는 고도를 낮췄다. 제니퍼가 물에 남겨놓은 흔적 때문에 우리의 착륙 조건은 약간 더 복잡해졌다. 연못에 사방으로 물보라가 생겨난 상태였다.

수면에 닿자마자 저 멀리 있던 물가가 빠르게 가까워졌다. 나는 좌측 방향타를 세차게 밟았다. 퍼프의 날개 수평을 유지하면서 옆으로 비스듬히 날아 들어간 후 급격히 방향을 돌렸다. 우리가 만든 흔적이 제니퍼가 남겨놓은 흔적과 뒤섞이면서 수면에 하얀 소용돌이가 생겨났다. 우리는 언제든 동력을 끊고 멈출 수 있었다. 댄은 우리가 할 수 있다는 걸 보여주려고 여기 착륙한 것 같았다. 우리가 두 번째로 물 위에서 맴을 돌기 시작할 때쯤 댄과 제니퍼는 다시 날아올랐다.

전속력으로 나아가던 나는 잠깐 갈등이 일었다. 저 물가가 바로 코앞으로 다가오기 전에 우리가 과연 상승할 수 있을까. 하지만 퍼프의 말대로 쉬운 동작일 수도 있었다. 우리가 물을 벗어나자마자 곧장 저 아래 풀밭이 흐릿하게 펼쳐졌다.

몇 분 뒤 아폽카 호수 상공에서 낮게 날던 댄이 무전으로 말했다.

"우리의 첫 번째 구조 작업입니다. 수상 착륙을 위해 바퀴를 올리겠습니다."

아래로 내려간 제니퍼는 물에 떠있는 붉은 점을 향해 나아갔다. 그 붉은 점을 건져서 조종석에 담고 다시 날아오르기까지 채 1분도 걸리지 않았다.

얼마 후 그들은 다시 집 근처 호수로 돌아갔다. 수상비행기 두 대가 나란히 착륙을 시도했고, 여름날 호수의 잔물결을 타고 쇄빙선처럼 미끄러져 제니퍼의 램프와 격납고로 들어갔다.

엔진을 끄자 퍼프와 제니퍼는 물을 뚝뚝 흘렸다. 댄은 아까 구조해 온 물건을 보여주었다. 길쭉한 폴리에틸렌이 붙어있는 빨간 풍선이었다. 그때는 확신이 서지 않았지만 아까 그 위를 지나갈 때 어린 바다거북을 본 것 같았다. 바다거북은 줄에 뒤엉킬 줄도 모르고 즐거워하며 그 줄 쪽으로 가고 있었다. 오늘 댄은 그 거북의 목숨을 구해준 것이다.

댄은 그 대단한 풍선을 물에서 건져 올리는 건 그냥 재밋거리일 뿐이라는 듯 아무렇지 않게 어깨를 으쓱하며 화제를 바꿨다.

그날 정오에 확인된 바에 따르면, 댄과 제니퍼는 바다거북을 구조한 공로로 페렛 구조대 비행 1군에 받아들여졌다. 그 자리는 지금까지 다른 인간 조종사 한 명과 수상비행기 한 대만 선택받아 들어간 자리였다.

댄이 잘돼서 나도 기쁘고 행복했다. 댄은 평소처럼 나중에 조용히 혼자 즐기고 싶은지 영광과 책임을 한옆에 밀어두었다. 그기 말했다.

"제니퍼는 완벽하게 날았어요. 더 고칠 곳이 없어요."

그래도 댄은 '팔 알 케톤' 병을 집어 들고, 제니퍼가 점검 중에 새로 장착한 너트와 볼트에도 부식 방지제를 바르기 시작했다.

그는 작업 속도가 무척 느렸다. 나는 댄이 제안한 대로 아주 세심하고 주의 깊게 팔 알 케톤을 바르지 않은 것 같아 부끄러웠다. 그래서 내가 작업한 부분을 좀 더 개선해 주었다.

(양심에 찔리기 전)

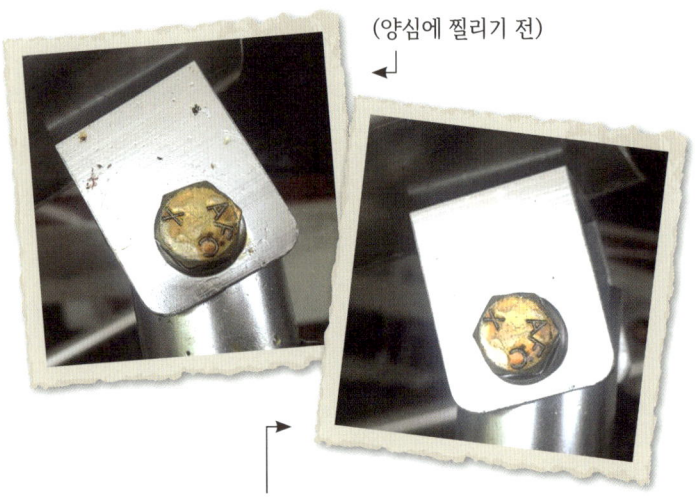

(양심에 찔린 후. 12,763,519번째 볼트를 좀 더 잘 칠할 수 있었지만 그렇게 하지 않고 12,763,520번째 볼트로 넘어갔다.)

제니퍼의 무전기 안테나를 교체해 줘야 해서 그 작업에 남은 하루가 모두 소요됐다. 나는 비행기 무전기 수리 자격증은 없지만, 한 시간쯤 후에 내 엔진을 꺼야겠다고, 그래야 내가 기다리다 지루해 잠들었다는 걸 댄이 알아줄 것 같다는 생각을 했다.

안테나를 설치한 뒤 우리 넷은 비행 준비를 마쳤다. 플로리다 남쪽 지역은 뇌우의 영향권에 들어가 당분간 날씨가 좋지 않을 예정이었다. 다른 조종사들과 마찬가지로 우리도 까다로운 비행 문제를 해결했으니 목적지를 바꾸기로 했다.

원래 계획한 에버글레이즈 시티와 플로리다 키스로 가는 대신, 날씨가 허락할 경우 내일 아침 크리스털강, 걸프 해안 등 서쪽 지역을 따라 북쪽으로 이동하면서 워싱턴주로 날아가기로 했다.

일단은 그렇게 정했는데, 해가 뜨고 나면 또 무슨 일이 일어날지 알 수 없었다.

비행하기 최고로 좋은 날?

 지금까지 경험한 바로 비행하기에 끝내주게 좋은 날은 그리 많지 않았다. 오늘은 최고까지는 아니어도 그럭저럭 괜찮은 날이었다.

 오전 9시, 이른 아침의 안개가 사라지고 하늘이 맑게 개었다. 그 시간에 볼 수 있는 눈부시게 아름다운 풍경이 눈앞에 펼쳐졌다. 오늘 여덟 시간 비행하는 동안 온갖 새로운 경험을 다 해봤다. 소년들의 꿈인 무인도, 제니퍼의 착륙 기어가 고장 난 일, 인간의 손길이 닿지 않은 땅을 몇 시간이나 저공 수평 비행한 일 등등. 한마디로 내가 소망해 온 것들과 바라지 않았던 일까지 하루에 다 겪었다.

 지금은 티끌 하나 없이 깨끗한 두 시레이 비행기는 오늘 비행이 끝나고 나면 모래와 소금투성이가 될 것이다. 앞으로 몇 년 동안 우리 비행기들은 격납고에 가득 들어찬 친구들에게 들려줄 얘깃거리가 떨어지지 않을 것이다.

이것은 국토 횡단 비행의 첫날, 첫 한 시간, 첫 일 분에 찍은 사진이다.

비행 중 비상사태는 얼마든지 일어날 수 있다. 하지만 댄 니컨스는 다른 비행사라면 몰라도 자기에게 이륙 세 시간도 채 안 되어 그런 일이 일어날 줄은 생각도 못 했을 것이다.

퍼프는 수평선 너머로 드넓게 펼쳐진 바다를 한참 동안 조용히 바라보았다. 퍼프는 앞으로 이런 바다를 무수히 날아서 건너게 될 것이다.

흐르다가 사라지는 강을 따라 플로리다주의 초록빛 밀림 위를 날아가는 제니퍼와 하늘보다 더 푸르른 호수.

비행하기 최고로 좋은 날?

퍼프가 멕시코만 가장자리를 유랑하며 처음으로 본 플로리다 풍경.

우리는 다시 동쪽으로 방향을 돌려 플로리다 해변을 가로질렀다. 연료를 채워야 할 시간이었다.

제니퍼가 아무 대가 없이 퍼프에게 전해준 경험. 이날 퍼프는 처음으로 바다에 착륙했고, 처음으로 소금물을 맛보았으며, 처음으로 무인도에 가봤다. 멋진 경험이었다!

우리는 페리 필드에 착륙할 예정이었다. 퍼프와 내가 앞장서 날면서 활주로를 향해 마지막 몇백 피트를 내려가고 있는데 무전기에서 댄의 목소리가 들렸다.

"2호기는 착륙 못 하겠습니다. 바퀴가 안 내려가요."

다른 비행기 같으면 그야말로 비상사태일 것이다. '바퀴가 내려오지 않는다'는 것은 비행기가 바닥에 충돌해 미끄러지면서 콘크리트 활주로에 불꽃을 튀기며 멈춰야 한다는 뜻이었다. 이런 경우 비행기 승무원과 승객이 위험해질 가능성은 별로 없지만, 착륙 전에 바퀴를 고치지 않으면 비행기에 큰 손상에 가게 되어있다.

"수신 양호. 우리가 계속 앞장서겠습니다."

그때 내가 한 말을 지금 인쇄해서 보고 있자니 고개가 절로 흔들어진다. 나는 이 공항에 착륙하려는 다른 조종사들에게 말했다.

"지금 공항에 착륙할 것처럼 보이는 비행기 두 대는 착륙하지 않을 겁니다. 하늘로 올라갔다가 착륙을 결정하면 다시 말씀드리겠습니다. 먼저 착륙하세요. 우리는 지금 활주로를 사용하거나 여러분의 경로를 방해하지 않을 겁니다."

그리고 댄에게는 이렇게 말했다.

"어떤 문제인지 알겠어요. 1호기인 나도 착륙에 관해 생각을 바꿨습니다. 현재 전출력으로 다시 상승해서 고도를 높여 제니퍼가 활주로에 착륙 시 바퀴를 내릴 수 있을지 확인하겠습니다. 퍼프와 내가 옆에서 나란히 날게요. 우리가 당신이나 제니퍼를 직접 돕지는 못하겠지만 가까이에서 날면서 제니퍼의 착륙 기어를 확인하겠습니다. 바퀴가 잘 내려온다면 착륙 기어 표시등에 문제가 생긴 거겠죠. 그러면 이대로 공항에 착륙합시다. 만약 공중에서 바퀴가 내려오지 않으면 당신이 원하는 곳으로 따라가겠습니다. 아직 제니퍼는 한 시간 정도 더 비행할 연료가 남아있으니까 제니퍼의 엔진이 멈추기 전에 방법을 찾아보죠. 그때부터는 당신이 1호기 조종사가 되어서 우리를 마음껏 이용하세요."

댄은 대답하지 않았다. 대답할 필요가 없었다. 비행 중에는 꼭 해야 하는 중요한 말만 하면 된다. 중요한 말을 할 게 아니면 무전기의 마이크 전송 버튼을 누를 필요가 없다. 비행의 좋은 점 중 하나가 이렇게 아무도 잡담을 하지 않는다는 것이다. 물론 드물게 예외는 있다. 이번 같은 경우도 그 예외에 해당됐다. 내가 "시레이, 우리가 지원하겠습니다"라고 말했으니까. 그리고 우리는 항공 교통을 방해하지 않기 위해 사람들이 제일 적게 쓰는 채널로 무전기 주파수를 바꿨다.

퍼프와 나는 고도를 높이며 제니퍼 쪽으로 다가갔다. 바퀴를 접어 올린 상태였지만 딱히 문제가 있어 보이지는 않았다. 댄이 말했다.

"바퀴를 내리겠습니다."

우리는 9미터쯤 떨어진 곳에서 제니퍼를 살펴보았다. 우측 메인 바퀴는 내려왔는데 뒷바퀴와 좌측 메인 바퀴는 올라가 있는 상태였다. 표시등의 문제가 아니었다. 내가 말했다.

"역중력을 이용해 보죠."

이 말을 풀어보자면 '댄, 시스템이 꼬인 것 같네요. 비행기의 무게를 없애거나 아래서부터 당기는 중력의 힘을 바꾸면 시스템이 풀려서 제대로 작동할 것 같습니다'라는 뜻이었다.

걱정됐는지 퍼프는 제니퍼에게 계속 묻고 있었다.

'괜찮아요? 무서워요? 이제 어떻게 되는 거예요?'

이에 대한 제니퍼의 대답을 최대한 통역해 보자면 이러했다.

'공중에서는 이걸 수리할 수가 없어, 퍼프. 케이블이 엉켰는지, 내 조종사가 아무리 애써도 좌측 바퀴를 내릴 수가 없네.'

이 대답에 퍼프는 더더욱 마음이 불안해졌을 것이다.

'그럼 착륙을 못 하잖아요. 이제…… 어떻게…… 해요……?'

제니퍼는 아침 공기처럼 시원하고 차분했다. 걱정하는 어린 동생에게 제니퍼가 미소 짓고 있다는 게 느껴졌다.

'걱정 마, 퍼프. 연장이 필요한 상황인지 댄이 확인할 거야. 넌 그냥 지켜보면 돼. 아무렇지 않게 바퀴를 위로 올린 상태에서 물을 찾아 거기 착륙할 거야. 우리는 물가로 천천히 올라가면 돼. 그리고 거기서 한 시간 정도 엉킨 케이블을 풀겠지. 두고 봐. 내 조종사는 뭐든 고칠 수 있어!'

제니퍼의 말대로였다. 댄도 올바른 판단을 내렸다.

"역중력이 도움이 될 것 같진 않은데 재미있어 보이니 시도해 보겠습니다. 일단 공간부터 확보할게요."

나는 퍼프의 방향을 돌리고 고도를 떨어뜨렸다. 우리는 조용히 지켜보았다. 제니퍼는 매처럼 기수를 내리고 속도를 높여 강하하다가 다시 위로 솟구쳤다. 댄이 조종간을 앞으로 밀자 제니퍼는 위로 올라갔다가 곡선을 그리며 아래로 내려갔다. 제니퍼의 몸 전체가 그 곡선의 중앙을 무중력으로 통과한 순간 댄은 랜딩 기어 스위치를 '아래'로 내렸다. 우측 바퀴만 내려오고 좌측 바퀴와 뒷바퀴는 내려오지 않았다.

"운이 없네요."

누군가가 말했다. 나였는지 퍼프였는지 모르겠다.

"물을 찾아보죠." 댄은 이렇게 말하며 우측 바퀴를 다시 올렸다. "제일 가까운 강이 어디 있습니까?" 나는 근처에 호수가 있길 바랐다. 그럼 착륙할 곳이 수천 곳은 될 테니까. 하지만 일은 쉽게 풀리지 않았다……

일단 우리는 만(灣)으로 돌아갔다. 소금물보다 민물이 낫고, 가까운 곳에 강도 있었다. 나는 지도를 확인하고 말했다.

"남쪽으로 16킬로미터쯤 가면 강이 있어요."

우리는 다시 남쪽으로 향했고 결국 제니퍼의 예상대로 됐다.

제니퍼는 강에 착륙해 강가로 유유히 나아갔다. 퍼프와 나는 먼저 착륙한 제니퍼 쪽으로 다가갔다. 조종석에서 내려간 나는 댄이 있는 강둑을 걸어 올라갔다.

"오늘 우리가 조용히 점심을 먹으라고 그런 일이 벌어졌나 봅니다." 댄이 샌드위치로 손을 뻗으며 말했다. 나는 쿠키와 그래놀라 바가 담긴 봉지를 가져왔다.

"케이블이 도르래에서 풀렸더라고요. 이런 일은 처음이네요."

한 시간 동안 조용히 비행기를 수리했다. 고요한 강둑에 강철 연장이 부딪치는 소리만 들려왔다.

비상사태로 시작된 일이 마무리되며 교훈을 남겼다. 수상비행기로 사는 건 여러모로 유리하다.

케이블을 도르래에 잘 감아 고정한 뒤 우리는 다시 날아올랐다. 크로스 시티 공항에서 연료를 보충하고 다시 북서쪽으로 길을 떠났다. 황폐한 해안이 수 킬로미터 계속됐다.

다시 아무도 없는 해변이었다. 햇살이 반짝이는 투명하고 푸르른 잔물결 위에 착륙해 설탕 같은 모래가 깔린 해변으로 점차 올라가면서 어찌나 기분이 좋던지. 한 시간이나 어쩌면 하

이후 황폐하지 않은 해안가를 따라 2~3킬로미터를 날았다.

바다 위를 날아가는 제니퍼
(카탈리나의 손녀). 닮았는지?
멀리서 보면 구분할 수 있을까?

루 종일, 우리가 원하는 만큼 그곳에서 기분 좋게 고립되고 싶었다. 선택한 삶을 살아가는 자유로움을 만끽하며 콧노래를 불렀다. 선택에 관한 노래였다.

이곳은 나를 비롯한 몇몇 사람들이 스트레스에 치이며 사는 곳에서 몇 킬로미터 떨어져 있었다. 여러분이 그곳에 가려면 탐험 내지는 여행을 해야 한다. 시간과 노력, 사랑이 필요한데, 특히 사랑이 중요하다. 자유를 향한 집착이 있다면 도움이 된다.

퍼프는 소금물에 대해 이렇게 말했다.

'끈적거려요. 조금 따갑기도 하고요.'

그런 이유로 퍼프는 바다에서 살았던 캣 할머니를 더욱 존경하게 됐다.

그리고 나는 이런 깨달음을 얻었다. **미지의 장소에 있더라도 시간이 흐르면 어떤 도전이든 해낼 수 있는 자신감이 붙게 마련이다.**

퍼프와 제니퍼는 데스틴/포트 월튼 비치 공항에서 민물로 샤워했다.

 착륙하기 좋은 장소를 찾는다고? 미러클 스트립 항공이 운영하는 플로리다주 데스틴 공항 이착륙장 남쪽 끄트머리로 가보자. 민물로 비행기를 세척하고, 고객 수송용 차에서 무료 쿠키를 먹으며 연료를 보충하는 등 정중하고 완벽한 서비스를 받을 수 있다.

폭풍우와 상어가 나오는
우리의 여행 이야기

비행기 사고는 어느 날 갑자기 일어나지 않으며, 결정적인 순간에 이르기까지 자잘한 사고들이 연속으로 일어나게 된다는 얘기를 앞에서 한 적이 있다. 기억하는지?

우리가 플로리다를 떠나 서쪽으로 날아가기 전에 멕시코만의 날씨가 상당히 거칠어졌다. 괴물급 폭풍이 몰아치면서 6만 피트(약 18,200미터) 상공에서 우박이 내리고 1분에 천 번씩 번개가 치면서 차세대 기상 레이더(NexRad. MLS 등과 함께 쓰이는 미국의 항공관제 시스템―옮긴이) 화면이 들불이라도 난 것처럼 번쩍거렸다. 시레이를 타고 시애틀로 날아갈 수 있는 날씨 상태가 절대 아니었다.

지금까지는 운이 따라주었다. 우리가 비행할 때는 대부분 하늘이 맑았다. 치명적인 적운은 거의 만나지 않았고 대부분 햇빛이 환하게 비추는 가운데 비행을 해왔다. 궂은 날씨는 오전 내내 계속될 모양이었지만 영원히는 아니었다. 댄과 나는 다음 폭풍이 발생하기 전, 폭풍의 도가니라 불리는 미시시피 삼각주를 통과하기로 했다.

그러려면 아침 6시까지는 이륙해야 했는데 자잘하게 안 좋은 일들이 연달아 일어났다. 일단 내가 핸드폰 알람을 맞춰놓고 잤는데 그 소리를 듣고도 계속 자버렸다. 무전기 헤드셋을 제자리에 두지 않아 찾질 못해서 그걸 비행기 안에 놓아둔 걸 기억해 낼 때까지 시간을 버리고 말았다. 일기예보관이 늦은 오후쯤 되어야 폭풍이 시작될 거라고 해서, 나는 공항에서 퍼프의 경고를 듣지 않고 어서 출발하자고 닦달했다. 내가 하늘 색깔을 살피는 동안 댄은 말없이 지켜만 보았다. 우리가 가고자 하는 방향의 하늘이 '진한 와인색'처럼 보였는데…… 내가 워낙 알코올을 혐오하는 사람이라 차라리 스와니강 색깔을 따서 '탄닌 느낌이 나는 하늘색'이라고 부르기로 했다. 댄의 얘기로는 스와니 강물이 진한 푸른색처럼 보일 수도 있지만 수상비행기를 타고 스와니강에 착륙해 본 적 없는 사람들 눈에만 그렇게 보인다고 했다……. 내가 꾸물대는 바람에 시간이 지체됐다. 우리는 마침내 시동을 걸고 이륙을 위해 천천히 달리기 시작했지만 항공 교통 허가가 바로 떨어지지 않아서 제한구역을 통과하기까지 한참 기다리다가 날아올라야 했다. 당신의 비행기에 무전기를 설치하면 이렇듯 약간의 자유를 잃게 되는 것이다.

우리는 이런저런 이유로 이륙이 늦어졌는데, 이것 또한 장차 큰 말썽으로 이어지게 될 자잘한 사고의 연결 고리 중 하나였다.

이륙 후 바퀴를 올리고 플랩도 올리고 부스트 펌프를 껐다. 엔진 계기판의 표시등이 초록색이 됐다(온도 및 압력에 대해 정상 작동 범위 이내일 때 엔진 계기판 다이얼에서 초록색 호를 그리도록 공장에서 칠을 해놓았기 때문이다). 댄이 사진을 찍어야 해서 내가 1호기 역할을 맡았다(내가 1호기 노릇을 하게 된 것도 자잘한 사고의 연결 고리 중 하나였다).

일기예보에서 말한 것보다 더 빠르게 지평선에 적운이 버섯처럼 피어올랐다(이 또한 자잘한 사고의 연결 고리 중 하나였다).

"시레이 비행 중." (댄과 나 둘뿐이지만 나는 격식을 갖춰 무전기로 말했다. 오랜 군 생활로 몸에 밴 습관이었다.) "날씨 때문에 남쪽으로 방향을 바꾸겠습니다. 230도 방향. 삼각주를 향해 보초도(barrier island)로 가겠습니다."

"수신 양호."

그날 아침 댄이 1호기 조종사였을 때 내가 그의 결정에 의문을 제기하지 않았던 것처럼, 이번에 내가 1호기 조종사로서 내린 결정에 대해 댄도 2호기 조종사로서 의문을 제기하지 않았다. 2호기 조종사는 1호기를 따라 비행하면 되는 것이다. 1호기 쪽에서 먼저 말을 걸지 않는 한 괜한 소리도 하지 말아야 한다. 1호기에 불이 붙은 걸 발견한 게 아니라면 말이다.

내가 날씨를 잘못 판단한 탓에 우리는 바다로 나가게 됐다. 우리가 비행 중인 곳에서는 여전히 태양이 빛나고 있었다. 바다에는…… 거센 파도가 치지는 않았지만 물 표면에 하얀 물결이 형성되기 시작했다. 바다의 파도는 호수의 파도에 비해 훨씬 가파르고 거칠며 혼란스러웠다.

퍼프가…… 경계 태세에 들어갔다는 느낌이 들었다. 조종사가 완벽한 타이밍에 완벽하게 착륙 못 하고 엔진이 고장 난 상태로 저 물에 착륙했다가는 살아남지 못할 수도 있는데, 퍼프는 별로 개의치 않는 듯했다. 퍼프는 해낼 수 있다고 믿는 것 같았다. 퍼프의 엔진 소리도 전혀 문제없는 듯했다.

날씨가 변하고 한 시간이 지났을 무렵, 저 아래 500피트 지점에서 알락돌고래 떼가 슬로모션처럼 수면 위로 튀어 오르는 것이 보였다. 어째서인지 고도를 좀 더 높이는 게 좋겠다는 생각이 들었다. 저 돌고래 떼가 험악한 날씨를 피해 멀찌감치 도망치는 줄은 생각도 못 했다.

보초도의 곡선을 따라서 앞바다의 야생동물 보호구역 가장자리를 약간 벗어난 채 비행하다가 권장 고도인 2,000피트 높이에서 날기로 결정했다. 그 고도는 필수가 아니라 권장 사항이라 조종사의 재량에 달려있었다.

햇살을 받아 수면에 그림자가 비쳤다. 저 앞을 보고 있자니 책에서 읽은 뱃사람의 불안감이 실감 났다. 저 앞에 있는 게 육지가 맞나? 내가 알고 있는 대로라면 저기 섬이 있어야 하는데.

혹시 저건 빠르게 부풀고 있는 구름의 그림자일까?

 시야에 땅이 보이지 않았다. 왼쪽, 오른쪽, 앞, 뒤가 온통 푸르른 바다였다. 유리처럼 초록빛을 띤 얕은 물 같기도 했다. 햇빛이 닿는 곳은 환하게 반짝거렸고, 시커먼 구름의 그림자 속에서는 더욱 어둡고 험악했다.

 댄은 줄곧 말이 없었다. 아마 지금이라도 육지가 보이면 그도 나만큼이나 기뻐할 것이다. 나침반 방향대로 가다 보면 보초도가 보일 테니 내 운행 능력을 믿자고 스스로를 다독였다. 나침반으로 보면 맞다고 나오는데 눈으로 봐서는 도저히 알 수가 없었다.

 괜찮아, 퍼프?

'네. 괜찮아요. 저 물에 착륙하지 마세요. 착륙하면…… 안 될 것 같아요.'

퍼프는 바다를 바라보고 있었다. 이런 바다 위에서 **평생** 날아다닌 캣 할머니(카탈리나)에 대한 퍼프의 존경심은 점점 커져갔다!

퍼프는 휘몰아치는 바다 위를 떠다니는 길이 1.5미터짜리 노란색 고무보트를 찾는 상상을 하고 있었다.

나도 마찬가지였다. 두 가지 명제에 대한 상상이었다. 명제 1. 뗏목이 보일 정도로 낮게 날고 있으면 어느 방향으로든 멀리 볼 수 없다. 명제 2. 멀리 볼 수 있을 정도로 높게 날면 뗏목은 물 위의 점 정도로 작게 보인다.

만약 뗏목이 보이면 어쩔 수 없이 저 거친 바다로 내려가야 한다! 착륙해서 생존자를 구출하고 다시 이륙해야 한다!

시속 129킬로미터, 즉 전속력으로 날다가 착륙해 저 살벌하고 무시무시한 파도 위에서 다시 이륙하는 것은 상상도 할 수 없었다. 카탈리나와 같은 수상비행기들이 저런 파도 위에 착륙했다가 기체의 리벳이 모조리 부서졌다는 얘기도 있었다. 나는 캣의 승무원들이 기체에 물이 새어 들어오지 않도록, 박살 난 리벳의 구멍을 막을 나무못을 가지고 다녔다는 얘기를 들은 적이 있다. 캣 같은 비행기와 그 승무원들이 구조 임무를 수행하다가 살아 돌아오지 못했다는 얘기도 들었다.

지금쯤 보여야 할 보초도가 전혀 보이질 않았다. 나는 댄과 제니퍼를 돌아보았다. 댄과 제니퍼는 2호기 자리에서 날고 있었다. 비행 전통에 따르면, 1호기가 중대한 실수를 저지른 상태에서 그대로 비행을 계속하는데 2호기가 저항 없이 따르기만 한다면 결국 비행기가 산비탈에 구멍 하나가 아니라 두 개를 만들게 된다는 말이 있다.

댄과 제니퍼, 퍼프는 나를 믿고 따르는데 저 앞의 구름은 점점 낮아지고 있었다. 우리가 이대로 비행을 계속한다면 날씨를 고스란히 감당하면서 고도를 낮춰야 할 테고, 바다에 점점 가까워지는 상태에서 시계는 더욱 좁아질 것이다.

나는 앉은 자리에서 앞으로 몸을 기울였다. 그렇게 하면 더 잘 보이기라도 할 것처럼. 회색 바다, 하얀 파도, 뒤에서 점점 더 거세게 부는 바람. 뒷바람 덕분에 보통 때보다 더 빠르게 날고 있는 것 같았다.

저 앞! 저 앞에 희미하게 하얀 선이 보이는 것 같은데? 구름의 찢어진 틈으로 새어 나오는 마지막 햇빛일까? 몇 분이 그대로 흘러갔다. 파도가 보였다. 하얀 선은 모래에 부딪히는 파도였다……. 보초도였다!

안도감이 밀려들었다. 우리는 바다에서 길을 잃지 않았다. 정확한 항로로 날고 있었다. 구름이 점점 더 낮아졌지만 이제 상관없었다.

뒤를 힐끗 돌아보았다. 눈처럼 하얗고 하늘처럼 푸른 색깔을 띤 제니퍼의 날개 너머로, 우리 뒤에서 점점 험악해지는 날씨가 보였다. 이제 되돌아갈 수 없다. 방향을 돌린다면 지금의 뒷바람이 맞바람이 될 것이다. 서슬 퍼렇게 들끓으며 회색빛이 되어가는 날씨 아래서 비행 속도가 떨어지게 될 것이다.

좋은 소식과 나쁜 소식이 있었다. 좋은 소식은 우리가 가고 있는 방향을 내가 정확히 알고 있다는 것이었다. 나쁜 소식은 내가 꾸물거리지 않고 두 시간 전에 이륙했으면 우리를 내리누르는 저 먹구름을 만나지 않았으리라는 것이다.

야생동물 보호구역이라 권장 고도는 2,000피트였다. 저 앞 모래사장에 야생동물은 보이지 않았다. 야생동물들도 다가오는 폭풍우를 피해 저 땅을 버리고 도망쳤을까?

권장 고도를 굳이 지킬 필요는 없겠다는 생각이 들었다. 조종사는 비행기의 안전을 책임져야 한다. 편대장은 편대에 소속된 모든 비행기의 안전까지 책임져야 하는 것이다. 댄과 제니퍼는 내 판단에 목숨을 맡겼다.

우리는 이 기묘하게 버려진 피난처의 가장자리로 내려갔다. 야생동물들이 진짜 이곳을 자기네 보호구역으로 삼았을까, 아니면 항공 측량 및 해도 작성 사무소(Office of Aerial Survey and Charting)에서 일하는 몇몇 사람이 그런 결정을 내렸을까?

이 시점에서 나는 항공 측량 및 해도 작성 사무소의 야생동물 경계 기준이 아니라 다른 걸 더 걱정해야 했다. 여길 빠져나가려면, 안개 속 바다에 처박히지 않길 바라면서 곧장 날아가는 방법뿐이었다.

저 아래 모래사장을 내려다보니, 보초도에서 바람이 불어오는 쪽으로 거친 파도가 몰아치고, 바람이 불어가는 쪽은 평평하고 매끈했다. 적어도 안전한 착륙은 가능하겠다 싶었다. 착륙해서 폭풍우에 휘말리지 않고 앞으로 쭉 나아가면 되지 않을까.

물론 그게 내 첫 번째 선택지는 아니었다.

퍼프의 날개가 강풍에 휘어졌다.

'당신이 원하는 곳으로 갈게요.'

작은 결정들이 사슬처럼 엮여 결과를 만들어 낸다. 이는 조종사들에게만 해당되는 얘기가 아니다. 누구나 최선의 길을 선택하며 의사 결정을 한다. 살아남아 피난처까지 갈 수도 있고 못 갈 수도 있다.

구름이 우리를 아래로 떠밀었다. 이제 우리는 파도치는 수면에서 겨우 몇백 피트 위에 있었다. 저 앞을 바라보았다. 우리는 폭풍우 구름의 서쪽에서 해를 볼 수도 있고 못 볼 수도 있었다.

여기서 엔진이 고장 나 불시착하게 되는 일만은 일어나지 않길 바라는데, 지금까지 말이 없던 2호기 조종사 댄이 입을 열었다.

"상어들이에요."

지금까지 나는 앞만 살피느라 아래를 내려다보지 못했다. 시선을 아래로 내리니 암녹색 바다에서 바글거리는 그것들이 보였다. 황금빛 물을 배경으로 구불구불하게 움직이는 길쭉한 회색 몸뚱이들. 어떻게든 바람직한 상황으로 생각을 돌리려 애써

왔는데. 여기 불시착하게 되면 어쩌지, 라는 생각이 그 순간 뇌리를 스쳤다.

게다가 상어…… 깊은 물에 사는 생물까지? 상어가 왜 이 얕은 물에 있지?

누가 먹이를 주나?

"상어, 확인했습니다."

나는 대답했다.

그제야 깨달았다. 여기는 새와 육지 동물 같은 야생동물을 보호하는 곳이 아니었다. 내 섣부른 추측과 달리, 여기는 상어 같은 야생동물을 보호하는 구역이었다!

문득 '현타'가 와서 '내가 여기서 뭘 하고 있지?'라는 생각을 해본 적 있다면 내 기분을 이해할 것이다.

나는 소리 내어 말했다.

"내 곁에 있어줘, 퍼프."

'난 당신 곁에 있어요.'

캣 할머니가 떠올랐다. 캣 할머니도 우리와 함께하는 거지, 퍼프?

저 아래 섬이 부옇게 흐려지며 뒤로 멀어져 갔다. 우리는 파도가 밀려와서 하얗게 부서지는 모래톱 위로 날아갔다. 큰 파

도가 거대한 물보라를 일으키고 있었다.

 큰 파도 생각은 하지 말자. 큰 물결이나 물보라, 상어, 엔진 고장도 생각하지 말자. 그냥 날자! 캣 할머니처럼, 삼각주를 향해, 햇빛이 비치는 서쪽으로 곧장 날아가는 거다. 270도 방향으로 가자. 나는 생각했다. 나와 퍼프, 댄, 제니퍼는 수면에서 100피트 정도 떠서 날고 있지만 큰 차이는 없었다. 만약 우리가 1,000피트 상공에서 날고 있다고 해도, 엔진이 고장 나서 상어가 우글거리는 큰 냄비에 떨어지게 된다면 고도는 아무래도 상관없을 것이다.

온통 회색인 곳 너머에 거대한 구조물 같은 게 보였다. 혹시 육지일까?

우리에겐 그 정도 운도 따라주지 않았다. 그래도 얼추 비슷하기는 했다. 그것은 석유 시추 플랫폼이었다. 유정탑(油井塔)과 강철 격자로 이루어진 그 구조물에는 평평하고 네모난 헬기 착륙장이 있었다.

"퍼프, 저기가 좁은 건 알겠는데, 어쩔 수 없으면 헬기 착륙장에라도 착륙할 수 있겠어?"

잠시 침묵이 흘렀다.

'이 강풍에? 돌풍이 없으면 할 수 있어요.'

"지금 말이야, 퍼프. 현재 풍속이 시속 32킬로미터고, 돌풍 최고 속도는 시속 45킬로미터야."

그러자 퍼프는 바로 대답했다.

'못해요.'

이 플랫폼에서 다음 플랫폼으로 넘어갔다. 육지까지는 불과 16킬로미터였다.

육지에 가까운 곳까지는 상어가 안 오지 않나?

퍼프는 대답하지 않았다. 상어는 퍼프의 전문 분야가 아니었다.

나는 상어가 육지에 그렇게 가까이 오지 않는다고 알고 있었다. 우리도 육지에 너무 가까운 곳에는 착륙하기 어려웠…….

별안간 수평선에 선명한 초록색 선과 햇빛이 나타나더니 그 위에 푸른 덩어리 같은 게 보였다.

그제야 나는 겨우 숨을 한 번 들이마셨다. 기쁘고 반가운 마음에 한 번 더 숨을 들이마시는데 물 색깔이 진한 청회색에서 진흙 색으로 바뀌었다. 미시시피강이었다.

나중에 댄이 설명해 주었다. "수백만 개의 산에서 삼각주로 퇴적물이 흘러들어요. 저 해변 아래에 수 킬로미터의 진흙이 쌓이는 거죠."

미시시피강이 바다와 만나는 곳 주변에 에메랄드색 갈대밭이 광활하게 펼쳐져 있었다. 무엇보다 반가운 것은 햇빛이었다. 이 시점에서 지질학자이자 2호기 조종사인 댄과 얘기를 나누면 좋겠다는 생각이 들었다.

마침내 우리는 네 시간의 비행을 마치고 지상으로 내려갔다. 두 대의 시레이와 두 명의 조종사는 루이지애나주 패터슨시의 공항에 무사히 착륙했다. 이번에도 우리는 페리 비행 서비스사의 지상 직원들에게 훌륭한 서비스를 받았다. 그들은 연료를 보충하고 비행기를 주차하게 해주었으며 찬물이 담긴 물병도 주었다. 그리고 언제든 도움을 주겠다고 제안했다.

우리는 비행을 계속할 계획이었는데 제니퍼의 생각은 다른 듯했다. 이륙하려고 천천히 달리는 와중에 경고도 없이 제니퍼의 엔진이 꺼지고 말았다. 차갑게 식은 엔진은 다시 시동이 걸리지 않았고 제니퍼는 유도로 옆 풀밭으로 조용히 이동했다.

의아해하던 댄은 기화기 플로트 보울을 제거했다. 한쪽 플로트가 뚜렷한 이유 없이 작동을 멈추고 가솔린에 잠겨버렸다.

그 상태로 엔진에 너무 많은 연료가 흘러들어 가서 엔진이 작동을 멈춘 것이다. 기화기에 쓸 새 플로트 키트를 급행으로 주문하면 하루 정도 뒤에 받을 수 있다고 했다.

제니퍼의 엔진이 두 시간 전 상어들이 득실거리는 거친 바다에서 멈췄으면 우리 모두 상당히 골치 아플 뻔했다. 그랬으면 바다 상태가 어떻든 간에 제니퍼는 어쩔 수 없이 바다에 착륙해야 했을 테고, 퍼프도 덩달아 그 옆에 내려앉아야 했을 것이다. 그랬다면…… 다 같이 곤란해졌을 상황이었다.

나는 이런 깨달음을 얻었다. **가장 사랑하는 것을 추구하며 시험과 도전을 이겨내자. 무언가가 우리를 지켜보면서 길을 이끌고 보호해 주고 있다.**

바다가 아니라 유도로에서 제니퍼의 엔진이 고장 난 덕분에 우리는 상어 떼 한가운데 떨어지지 않아도 되었다.

33

루이지애나주의 어느 고요한 날

"레드강과 미시시피강이 합쳐진 흐름을 공병단(工兵團)이 모두 막아내고 있어요. 지금은 공병단이 잘 버티고 있지만 앞으로 천 년 후에는 높이 12미터에 달하는 물벽이 아차팔라야강에서 흘러내려 올 겁니다. 그럼 지금 우리가 서있는 이곳은 새로운 미시시피강의 바닥이 되겠죠."

댄이 설명했다.

나는 어이없는 지질학 농담이라 생각해 믿지 않았다. 댄은 지질학을 전공하고 수학을 부전공했으며 법학 학위를 가지고 있었다. 지질학, 해안 및 해양 공학박사 학위도 갖고 있었다. 지질학자다운 농담이네, 라고 생각하면서도 나는 호기심에 인터넷으로 확인해 봤다.

원래 우리는 모건시의 호텔에서 하루 더 묵고 가기로 했는데 댄의 얘기를 듣고 보니 오늘 출발하는 게 좋겠다는 생각이 들었다. 몸이 피곤하든 말든, 오늘 오후 날씨가 나쁘든 말든, 가는 길에 토네이도가 있든 말든, 제니퍼의 엔진을 작동시켜 여길 떠나고 싶었다! 높이 12미터짜리 물벽이라고?

댄이 나를 진정시켰다.

"우리가 내일 떠나기 전까지 그런 일은 일어나지 않아요."

호텔 방 책상 앞에 앉아있던 나는 몸을 일으켰다. 댄은 오늘 이 호텔에서 하루를 묵을 작정인 것 같았다.

그래서 나는 한낮에 글을 쓰기로 했다. 댄이 기화기 플로트를 집어 들고 설치하자 제니퍼의 엔진이 멀쩡하게 작동했다. 문제는 나였다. 언젠가 미시시피강과 레드강의 물줄기가 아차팔라야강으로 합쳐질 것을 생각하니 오늘 밤에 과연 잠을 잘 수 있을까 싶었다. 세 개의 강이 합쳐진 거대한 물줄기가 루이지애나주 모건시 같은 곳의 강둑을 따라 범람하게 될 텐데 말이다. 12미터짜리 물벽이 휩쓸고 간 자리에는 3미터도 넘는 깊이의 물이 들어차게 될 것이다.

물론 내일이 오기 전에 그런 일은 일어나지 않을 것이다. 그래도 혹시 모르니 고정 밧줄 길이를 9미터 추가해서 퍼프를 더 단단히 고정하기로 했다. 그리고 4층 이상의 방으로 달라고 호텔 측에 요청할 생각이었다.

댄이 원자핵공학 학위를 받지 않아 다행이다.

시원한 날

처음에는 무시무시했는데 용기를 내 살아낼 가치가 있음을 증명하는 날이 있다. 저 아래 풍경을 바라보면서 우리가 어느 방향으로 날아가야 할지 가늠해 보자.

여러분이 지평선에서 가장 음울하고 짙은 회색이 낮게 깔린 곳을 날아갈 방향으로 선택했다면, 이런 말을 할 자격이 충분하다. "일단 이륙해서 저기까지 가보고 어떤 상태인지 확인해 보죠."

막상 가서 보니 구름 상태가 생각보다 더 좋지 않았지만, 댄이 1호기 조종사라서 위안이 됐다. 비행 중에 안 좋은 일이 생기더라도 그에게 먼저 닥칠 테니까.

이륙해 날개를 접어 올리고 활주로가 저만치 멀어지자마자 빗방울이 떨어지기 시작했다. 나는 말없이 제니퍼의 왼쪽 날개 옆에서 대열을 맞춰 날았다.

문득 오늘이 무슨 요일인지 모르겠다는 생각이 들었다. 구름 아래로 낮게 날면서 그 생각을 한참 했는데…… 도무지 기억이 나지 않았다. 비행하면서 요일을 따져본 게 무척 오랜만이라 재미있다는 생각이 들었다. 오늘이 월요일인가? 아니지. 월요일은 2주 전이었는데. 그럼 금요일이겠네. 아니. 화요일 아닌가?

우리는 딱히 이름을 붙이지 않은 무수한 나날 동안 이곳저곳을 날았기에 오늘도 그저 '어느 하루'일 뿐이었다.

우리가 비행하든 말든 개의치 않는 날씨가 빗방울을 뿌리며 성의 없이 경고했다. 그런데도 우리는 날아올랐고 궂은 날씨는 어느새 저만치 멀어졌다. 전방에는 아차팔라야강이 흐르고 있었다. 그 강은 어느새 미시시피강이 되었으며, 레드강이 되었다. 우리는 북서쪽으로 뻗어나간 강줄기를 주간 고속도로 삼아 날아갔다.

이륙한 지 한 시간쯤 지났을까. 댄이 무전기로 말했다.

"수상 착륙을 위해 바퀴를 모두 올리겠습니다."

(기화기를 수리한 후 기운이 넘치는) 제니퍼가 한쪽 날개에 의지해 강으로 미끄러지듯 내려갔다. 그런 식으로 착륙하는 것도 보기 좋고, 우리 주변의 구름을 뚫고 쏟아지는 따뜻한 햇살도 기분 좋았다. 퍼프도 제니퍼를 따라 내려갔다.

이런 강물에 착륙할 때마다 수면에 위험 요소가 있는지 확

인해야 한다. 떠다니는 통나무라든지 나뭇가지, 수면 위로 튀어 올라온 물체들. 물에 잠긴 바윗덩어리와 날카로운 물체는 시야에 보이지 않으니 더 위험할 수 있다. 물론 수상비행기를 타고 비행하든 평범한 일상을 살든, 침대를 나서는 순간부터 위험에 처할 가능성은 늘 있다. 그럼에도 불구하고 우리는 계속 살아가야 한다.

우리는 그날의 첫 번째 위험(세세하게 따지자면 천 번째 위험일 수도 있었다)을 맞이했다.

우리가 내려간 곳은 아주 외져서 전기 비슷한 것도 없었다. 확성기도, 복잡한 교통도, 사이렌도, 무전기도, 텔레비전도 없이 오로지 하늘과 느릿하고 잔잔한 강물이 흐르는 강변뿐이었다. 주변의 잡스러운 소음이 사라지면 우리가 그동안 얼마나

시끌벅적한 배경음 속에서 살았는지 알게 된다.

나는 조종석에 잠시 앉아서 그 순간을 즐겼다. 퍼프는 모래사장에 선수를 기대고 앉아있었다. 나는 완벽한 편안함을 느꼈다. 어려운 시기든 기쁜 시기든 상관없이 느낄 수 있는 무한한 행복감이었다. 계속 갈 것이냐 멈출 것이냐, 왼쪽이냐 오른쪽이냐, 위냐 아래냐 같은 무수한 결정 과정을 통해 나는 어느 날 이렇게 여기로 왔다.

잠든 퍼프에게도 고마웠다. 이 용감한 소형 비행기는 단점과 실수투성이인 나를 믿고 의지하며 한 번도 와본 적 없는 곳으로 최선을 다해 날아와 주었다. 그리고 우리는 여전히 살아있었다.

"점심시간이네요."

댄이 이렇게 말하며 자기 비행기에서 사과 한 개를 가져왔다. 나는 쿠키가 담긴 주머니와 물통을 꺼내 들고 모래사장으로 올라가 그곳에 잠시 앉았다. 우리는 굳이 말을 주고받을 필요도 없었다. 이토록 아름다운 곳에서 느긋하게 쉴 수 있는 것만으로도 감사했다. 우리가 고마워하는 만큼 보답받을 수 있을지는 알 수 없지만. 잠시 후 댄이 말했다.

"나쁘지 않네요."

그렇다는 뜻으로 고개를 끄덕여야 할지, 아니면 고개를 저어야 할지 판단이 서지 않았다. 우리가 선택한 삶을 살아가는 이 자유는 형언할 수 없을 만큼 멋졌다.

그런 까닭에 우리는 작은 비행기 두 대를 타고 잔잔한 모험을 하며 여기까지 온 것이다. 일상의 경로를 벗어나 훌쩍 날아오른 덕분에 지구라는 별을 실컷 관찰할 수 있었다.

우리는 한 군데만 여행한 게 아니라 무수한 장소를 다녔다. 물리적 의미든 정신적 의미든 안식처를 찾아다닌 것이다. 계획을 달리해 3차원의 거친 바다 위를 날기도 했다.

쿠키를 다섯 개 넘게 천천히 먹으면서 이런 생각을 했다. 이게 바로 자유 아닌가. 다른 사람을 위해서가 아니라 나를 위해, 내 기술로, 내가 원하는 대로, 내가 선택한 대로 살 수 있는 자유로운 삶.

아무 말 않고도 댄과 나는 이제 다시 떠나야 할 때임을 알았다. 이런 따뜻한 모래가 있는 강둑 같은 곳을 찾아 다시 떠나야 할 때였다.

고요히 흐르는 이 넓은 물줄기를 찾는 여느 방문자들과 마찬가지로, 나 역시 백 년 전 소설가 새뮤얼 클레멘스(미국 소설가 마크 트웨인의 본명—옮긴이)가 본 것과 같은 풍경을 보고 있다는 생각을 했다. 마크 트웨인의 아이디어, 그의 미소는 내 세상을 완전히 바꿔놓았다! 미시시피강을 중심으로 한 그의 삶이 댄과 나의 삶으로 녹아들었다. 시커먼 강물의 흐름과 특이한 모래가 얕은 물에 서있는 사람을 서서히 집어삼켰다(겨우 발목까지이긴 해도 발밑이 가라앉기 시작하면 정말 묘한 느낌이 든다).

이런 모래톱에 착륙해 하루나 이틀 머물다가 떠나고, 다시 또 이런 곳을 찾아내 하루나 이틀을 머물다 떠나는 삶이란 얼마나 즐거운가.

모험 소설을 즐겨 읽던 소년 시절, '무인도'는 바다에 둘러싸인 사하라사막 같은 곳이 아니라 사람의 손길이 닿지 않은 나무, 샘, 풀밭, 모래사장, 흙, 연못이 있는 '사람 없는 섬'이란 걸 알았다. 그런 곳을 찾을 수 있길 열망했는데, 지금 바로 그곳에 와있었다.

인내심을 가져라, 아이야. 나는 여러분이 이 말을 잘 기억하기 바란다.

몇 시간 후 우리는 미시시피강을 떠나 레드강을 내려다보며

몇 킬로미터를 날아갔다.

익숙한 무전이 들렸다.

"수상 착륙을 위해 바퀴를 모두 올리겠습니다."

저 아래에는 모래톱도 없는데, 댄은 무엇을 보고 내려가려는 걸까?

잠시 후 다시 날아오른 댄은 의아해하는 내게 무전기로 말했다.

"꽃을 보고 싶어서요."

날개가 있는 퍼프 덕분에 고속으로 날면서 이제는 친숙해진 광대한 풍경을 바라보고 있자니, 퍼프만큼이나 순수해진 기분이었다. 인간이든 비행기든 마음의 문을 활짝 열 수 있는 친구들이 있다는 건 정말 중요하다!

야생에 무수히 피어있는 꽃과 나무들.

 강을 따라 날면서 나는 고개를 돌려 옆에서 비행 중인 제니퍼와 댄을 바라보았다. 10피트 아래에, 다른 차원의 신비로운 강이 흐르는 그곳에 또 다른 제니퍼/댄이 평행하게 날고 있었다……. 그것은 우리 세상의 제니퍼/댄의 모습이 반영된 그림자였다. 무수한 차원에 존재하는 무수한 우리가 아른아른 빛나는 거울 속의 또 다른 우리와 함께하고 있었다. 그중 일부는 우리의 존재를 알지 못하고, 일부는 우리가 그들을 신경 쓰듯 우리를 신경 쓰면서 우리의 선택을 지지할까?

다른 자아들이여, 그대들에게 행운이 따르기를. 평생 모험과 발견과 사랑이 가득한 삶을 살기를!

나중에 알고 보니 댄도 그곳에서 나와 같은 걸 보면서 같은 생각을 했다고 한다.

얼마나 많은 친구와 놀라운 힘을 지닌 존재들이 모습을 드러내지 않은 채 매일 우리와 함께 비행했을까?

댄이 무전기로 말했다.

"배가 다닐 수 있는 구역의 끄트머리에 다 왔습니다. 저 앞은 물이 얕아요."

널찍한 모래톱이 있으니 여러분은 '수상 착륙을 위해 바퀴를 모두 올립니다'라는 말이 들리겠구나 예상할 것이다. 조종사가 이 말을 소리 내서 하는 것은 매우 중요하다. 바퀴를 내린 채 물에 착륙했다가 비행기를 망가뜨리지 않으려면 매번 소리 내어 말해야 한다.

이번에 우리가 발견한 장소다:

세상이 묘하게 달라져서인지 장소마다 다른 느낌이 드는데 볼 때마다 차분하고 평화로운 기분이 든다.

"댄, 저기는 모래가 단단해 보여요. 저 정도면 바퀴를 내리고 착륙해도 되겠는데요!"

그 순간 우리는 같은 아이디어를 떠올렸다. 비행기 한 대는 육상 착륙을 하고, 한 대는 수상 착륙을 하는 것.

"해보죠."

댄은 이렇게 말하며 물에서 공중으로 날아올랐다. 지상에 홀로 남아 제니퍼의 비행 모습을 바라보는데 기분이 이상했다!

제니퍼는 돌아올 거야, 퍼프. 우리한테 작은 기술을 선보이려는 거야.

    하늘에서 윤곽으로만 보이던 제니퍼가 우리가 있는 강으로 내려왔다. 그런데 제니퍼는 바퀴를 계속 올린 상태였고, 댄은 모래 활주로를 점검하고 있었다. 착륙하다가 모래에 파묻힌 나뭇가지에 부딪힐 수도 있으니…… 지혜로운 판단이었다. 사진을 보면 맨 오른쪽에 튀어나와 있는 나뭇가지가 보인다. 만약 저 나뭇가지에 부딪혔다면 댄은 원래 계획보다 더 오래 지상에 머물러야 했을 것이다.

    무엇을 피해야 하는지 파악한 제니퍼는 다시 바람을 향해

날아올랐다. 그리고 이번에는 바퀴를 내리고 모래사장에 사뿐히 내려앉았다.

이렇게 해서 우리는 한 프레임에 수륙양용기의 두 세계, 즉 육지와 물을 모두 담게 되었다.

우리는 그 경험을 마음에 새기면서, 가능성에 관한 지식의 폭을 넓히고 다음 도전에 나섰다.

"만약 우리가 나란히 이륙했다가 제니퍼는 육지에, 퍼프는 수면에 착륙할 경우 누가 먼저 다시 이륙할 수 있을까요, 리처드?"

통념으로는 마찰이 적은 육상비행기가 수상비행기보다 빨리 날아오를 것이라고들 한다. 우리는 같은 기종 비행기이니 직접 실험해서 알아보기로 했다.

제니퍼가 모래사장 저 끝으로 천천히 달려갔고, 퍼프는 모래톱 너머 강 상류 쪽으로 갔다가 방향을 돌려 제니퍼 옆에 평행으로 섰다. 나란히 선 우리는 동시에 스로틀을 밀면서 이륙에 힘을 실었다. 퍼프 뒤로 물보라가, 제니퍼 뒤로는 모래가 휘날렸다.

통념에서 벗어난 결과가 나오지는 않았지만 차이는 미미했다. 제니퍼의 바퀴가 허공에 뜨고 3초 뒤에 퍼프도 날아올랐다. 퍼프의 꼬리에서 떨어진 강물이 곧 하늘에서 증발했다.

해가 질 무렵 우리는 원래의 항로로 돌아왔다. 나는 퍼프가 되고, 퍼프는 내가 된 것 같은 기분이 어렴풋이 들었다. 예를 들어, 이제 나는 회전 속도계를 보지 않고도 퍼프의 엔진 회전 속도를 세밀하게 알 수 있었다. 엔진 회전수 4,800rpm일 때의 프로펠러 소리는 4,850rpm이나 4,825rpm일 때와 미묘하게 달랐다. 그날 오후부터 나는 회전 속도계를 확인하는 대신 내 심장이 된 엔진음에 귀를 기울였다.

나는 이런 깨달음을 얻었다. **긍정적으로 이끌어 주는 영혼을 믿고 따른다면, 뜻밖의 선물을 받을 수 있다.**

댄이 무전기 버튼을 누르며 물었다.

"오늘 밤에 텍사캐나시에 들를까요?"

"앞장서시죠."

텍사캐나시라.

이제 우리는 같은 수상비행기를 모는 조종사일 뿐 아니라 두려움과 기쁨, 모험을 함께한 사이였다. 이 정도면 세상 누구라도 서로에 대한 경계를 풀고 믿고 지낼만했다.

35

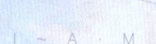

두려워도 날자

텍사스주 스티븐빌 마을의 호텔 창문 너머로 시커먼 하늘에 번쩍! 번개가 쳤다. 컴퓨터 화면에는 우리가 묵고 있는 호텔 바로 위에서 번쩍이는 번개와 같은 색깔로 폭풍의 위치가 표시되고 있었다.

오늘 텍사캐나시에서 비행하고 돌아왔는데, 격납고에 퍼프와 제니퍼가 들어갈 자리가 없었다. 결국 험악한 날씨 한가운데서 우리는 퍼프와 제니퍼를 이중으로 묶어 지상에 고정하고 조종 장치를 덮개로 덮었다. (창문을 뒤흔드는 요란한 천둥소리와 함께 또다시 번쩍! 번개가 쳤다.) 그 와중에⋯⋯ 나는 긴장을 푸는 연습을 했다. (번쩍! 적어도 공항 쪽에서 치는 번개는 아니었다.) 아무리 험한 날씨라도 퍼프의 본질과 내 본질,

댄의 본질, 제니퍼의 본질을 건드릴 수는 없었다. 우리의 본질, 즉 영혼은 지구의 온갖 폭풍우, 물질세계에 대한 얕은 믿음 따위에 흔들리지 않을 테니까.

그날 저녁 댄과 내가 공항을 떠나자 퍼프는 겁에 질리고 말았다. 퍼프는 예전에 뇌우를 경험하긴 했지만 그때는 에어로클럽 전투기들과 함께 비행 판타지 항공박물관 격납고에 안전하게 머물러 있었다. 지금처럼 야외에서 38노트, 즉 시속 70킬로미터로 부는 바람을 온몸으로 맞으며 폭풍우를 견디는 건 처음이었다. 북쪽에서 불어오는 거친 바람이 퍼프의 기수를 뒤흔들었다. 지상에 묶어놓은 고정 밧줄이 없으면 퍼프는 조종사도 없이 날아가다가 어딘가에 처박혀 죽고 말 것이다.

일기예보에 따르면 남쪽에서 시속 84킬로미터의 바람이 불어오고 우박이 떨어질 것이라고 했다. 지금까지 일기예보는 거의 빗나갔다. 무엇보다 오늘 토네이도가 몰아칠 거라는 예보는 없었다. 옛 여행자들이 소용돌이와 큰 바다뱀 같은 위험을 감수하고 여행했던 것처럼, 우리도 위험을 감수하고 비행에 나서기로 했다.

퍼프를 위해서일 뿐만이 아니라 나를 위해서이기도 했다. 우리는 완벽한 삶의 완벽한 표상이었다. 어떤 믿음이나 현상도 우리에게 해를 끼치거나 우리를 파괴할 수 없었다. 우리는 세상을 발견하는 소명을 갖고 살아가고 있으니까. 언제 어디서든 이 사명에 따라 살면서, 무엇이든 발견할 준비가 되어있으니까.

우리가 현실로 생각하는 환상의 세계는 우리의 본질을 건드릴 수도, 우리를 바꿀 수도 없었다. 우리가 꾸는 꿈이 우리를 보호하고 이끌어 줄 것이다. 최고의 자아가 어떤 형태로든 길을 이끌어 줄 것이다. 그 형태는 폭풍우일 수도 있다. 우리는 이 폭풍우를 우리가 아는 바에 대한 믿음을 시험할 기회로 삼으면 된다. 나는 퍼프를 데리고 그 시험을 통과해 볼 생각이었다.

예전에는 나와 이 작은 수상비행기의 영혼이 *끈끈하게* 연결되어 있다는 것을 믿지 않으려 했다. 다른 이유로 설명할 수 있다고 생각했지만 불가능했다……. 단순히 내 마음을 흔들고 감명을 주는 것의 실체를 따져보려 하는 말이 아니다.

10분 후 출발하기로 했다. 레이더를 보니 최악의 폭풍우는 이미 우리 머리 위를 지나갔다. 퍼프와 제니퍼는 비에 흠뻑 젖고 바람에 시달리기는 했지만 망가지진 않았을 것 같은 느낌이 들었다(퍼프는 비행 경험에 대한 존경의 표시로 제니퍼를 '캣 언니'라고 부르기 시작했다). 퍼프의 엔진 덮개가 바람에 날아갔을 수 있지만 우박은 맞지 않았을 것이다.

내 집필 습관 때문에 오늘 아침 우리는 텍사캐나시에서 느지막이 이륙했다. 오늘 출발할 때 고맙게도 댄이 1호기 조종사가 되어주었다. 여기는 민간 여객기들과 관제탑이 있는 큰 공항이었다. 예전에 내가 속해있던 세상이었는데(민간 여객기는 해당 사항이 없지만, 당시 나는 관제탑과 접근 관제, 계기비행 계획, 구름 통과하기 등 비행 '시스템' 안에서 살았다) 지금은 아니었다.

퍼프는 무전기와 레이더 응답기를 갖고 있었다. 이 나라의 특정 구역에서 비행하고 싶으면 이런 장비를 필수로 달아야 했다. 하지만 퍼프에게 자연스러운 물건은 아니라서 나는 무게를 덜어낼 겸 슬쩍 빼놓곤 했다. 퍼프는 심장과 영혼을 가진 오프로드 비행기였다. 조종사들은 퍼프 같은 기종을 조종간과 방향타만 있으면 날 수 있는 비행기라고 하는데, 퍼프는 우리가 함께 비행한 몇 주 동안 그것이 사실임을 증명했다. 나 역시 조종간과 방향타만 있으면 날 수 있는 조종사가 되어가고 있으니, 우리는 역시 잘 맞는 짝꿍이다.

오늘 아침에는 내가 1호기 조종사 노릇을 했는데 재앙이 따로 없었다. 2호기 조종사가 된 댄이 내게 그대로 비행하다가는 관제 공역으로 진입하게 될 거라고 경고했다. 다른 때 같으면 겁났을 텐데 오늘은 그렇지도 않았다. 내가 관제 공역에 있더라도 누가 알아채거나 신경 쓰지 않을 테니까.

호수 세 개를 줄줄이 발견하긴 했는데 착륙은 불가능했다. 하나같이 죽은 나무와 그루터기, 통나무가 곳곳에 삐죽삐죽 튀어 올라온 모양새였다. 텍사스주는 강줄기를 댐으로 막아 새로운 호수를 만든 뒤 그 호수가 이렇듯 바늘꽂이처럼 되어도 신경 쓰지 않았다. 호수에서 죽은 나무들이 아예 숲을 이루고 있어서, 배가 지나가려면 그 사이로 조심스럽게 나아가야 할 판이었다. 수면이 얼핏 깨끗해 보여도 실상은 달랐다. 수상비행기가 저런 호수에 부주의하게 내려설 경우, 물 아래서 거세게 밀려온 그루터기에 맞아 침몰할 수도 있었다.

　날이 더워서 비행이 쉽지 않았다. 안전하게 착륙할 만한 강물도 없었다. 만약 엔진이 멈추면 활공할 공간이 있어야 하기에 나는 지상에서 1,000피트 이상의 고도로 날았다. 그 정도 고도면 여기저기 상승 온난 기류가 있더라도 바람에 조각나 있게 마련이었다. 그 고도의 공기는 녹아내리는 빙산처럼 거칠었다. 어떤 날에는 그냥 입 닥치고 난기류 덩어리를 돌파해 살아남기도 했다. 우리는 두 시간 반 정도 고생하다가 연료를 보충하러 기쁜 마음으로 착륙했다.

　다음 여정에서 우리가 거의 죽기 일보 직전일 때 댄은 부치 캐시디와 선댄스 키드(1970년 영화 〈내일을 향해 쏴라〉의 두 주인공. 1890년대 미국 서부 지역에서 산골짜기 갱단을 이끈 강도들―옮긴이)가 이끄는 산골짜기 갱단한테서 도망치듯 다급히 강 하나를 찾아

냈다. "수상 착륙을 위해 바퀴를 모두 올립니다"라는 댄의 목소리가 반갑기 그지없었다.

퍼프와 나는 제니퍼가 있는 곳에서 90미터 정도 떨어진 하류에 착륙했다.

"근처를 둘러보고 올게요."

댄이 말했다. 방향을 돌려 따라가려는데 댄과 제니퍼는 이미 사라진 뒤였다.

잠시 후 우리는 강둑을 따라가다가 숨겨진 물의 정원 입구를 발견했다. 입구의 폭은 수상비행기 한 대가 날개를 활짝 펴고 통과할 수 있을 정도였다.

공기 중의 열기와 바람, 모래 알갱이에 시달리고 뇌우로 항로를 이리저리 바꾸다가 이런 천국에 오게 된 것이다.

아름다운 호수를 느긋하게 나아가면서 시원한 물에 손을 담갔다. 그러고 나니 거친 비행을 더 견뎌낼 마음의 여유가 생겼다.

얼마 후 제니퍼는 숨겨진 물의 정원 입구를 지나 그곳을 빠져나갔고 퍼프도 그 뒤를 따라 날아올랐다.

텍사스주 애빌린시 쪽에서 쿵쿵 쾅쾅 소리가 들려왔다. 댄이 반가운 소식을 전해주었다.

"애빌린에 뇌우가 치고 있다고 하네요. 스티븐빌 마을에 착륙합시다."

그럼 오늘은 네 시간 반 정도만 비행할 수 있는데 그 정도면 나쁘지 않았다.

　우리가 방향을 돌려 착륙할 때쯤 북쪽 하늘이 안개 낀 회색으로 변해갔다. 북쪽에는 이미 뇌우가 치고 있는 모양이었다.

　착륙 후 우리는 밤에 무슨 일이 일어나더라도 비행기가 망가지는 일이 없도록 비행기들을 이중으로 고정해 묶고 덮개를 씌웠다.

　오늘 나는 이런 교훈을 얻었다. **최선을 다하고 천사에게 도움을 요청하면 천사들은 당신이 폭풍우에서 빠져나갈 수 있게 보살펴 줄 것이다.**

아침에

 밤새 번개가 치더니 일출 무렵에 뇌우는 완전히 사라졌다. 댄과 나는 일찌감치 공항으로 가서 비행기들을 살펴보았다. 퍼프와 제니퍼는 고정 밧줄에 묶인 채 한옆으로 밀려나 있었는데 망가진 곳은 없어 보였다.

 나의 소형 비행기가 망가졌을까 봐 두려웠는데 어리석은 걱정이었을까? 내 믿음이 영향을 준 걸까? 믿음은 나에게 확실히 영향을 주었다. 파괴적인 상황에 직면했을 때 특히 더.

 폭풍우가 때로는 여기저기 박살을 내놓곤 하니, 내 걱정이 아주 어리석은 것이었다고는 할 수 없을 것이다. 우리의 소형 비행기들은 밤새 잘 살아남았다. 퍼프의 엔진 덮개가 찢어지긴 했지만, 천둥을 동반한 강풍에 노스다코타주까지 날아가진 않앉으니 다행이다. 나는 기분 좋게 숨을 내쉬면서 퍼프를 밤새 붙잡아 준 밧줄 여러 개를 풀었다. 그리고 내가 비행 전 점검을 하는 동안 퍼프가 아침 바람을 쐴 수 있게 방향을 돌려주었다.

서쪽으로 비행하는 동안 지상 고도가 계속 상승하리라는 점을 유념하면서 고도계를 맞췄다. 며칠 전에는 육지를 완전히 벗어나 해수면에서 1,200피트(약 365미터) 고도로 비행하기도 했다. 지금은 해수면에서 1,200피트 고도로 비행하면서 우듬지를 스치듯이 날고 있다……. 이제 전방 지면이 해수면 위로 7,000피트(약 2,100미터), 아니 그 이상 상승할 것이다.

우리는 북서쪽으로 뻗어나간 곳으로 쉽지 않은 모험을 계속하기로 했다. 고지, 고온, 암석 지대 정도를 예상할 수 있었다.

상황이 쉬울 때도 있고 어려울 때도 있지만, 고정 밧줄을 풀고 다시 비행에 나서야 할 시기는 언제나 오게 마련이지 않은가?

30분 후 우리는 힘겹게 바람을 가르며 다시 날아올랐다. 고속도로 위에서 몇 킬로미터 정도 날면서 보니 우리 뒤에서 오던 자동차들이 우리를 앞질러 저 앞에서 사라졌다. 그 후 바람이 더 거세게 불었다.

항공업계는 크게 두 부분으로 나뉜다. 더 빨리 나는 비행기들, 그리고 자동차에게 추월당하는 비행기들. 줄곧 추월당하다가 판이 뒤집히면서 도로에서 폭스바겐 자동차를 앞지를 때 고마움과 무모한 기쁨을 느끼는 쪽은 후자일 것이다!

오래지 않아 고속도로는 저 뒤로 멀어지고, 만만치 않아 보이는 땅이 펼쳐졌다. 달을 지나가는 우주인의 눈에 달 표면이 딱 이렇게 보였을 것 같다. 물론 아주 같지는 않겠지만. 여기는 사방으로 3~4미터마다 메스키트 나무들이 자라는 땅이었다. 댄과 제니퍼가 이 지형을 즐기며 기분 좋게 날고 있는데, 나는 혹시라도 엔진이 고장 날 경우 최대한 열린 공간에 착지하기 위해 퍼프의 고도를 높게 유지했다.

이틀 전에만 해도 사방이 물이었는데 지금은 착륙할 만한 곳이 없었다. 갑자기 뭍이 귀해졌다.

'걱정돼요?' 퍼프가 자신만만하게 물었다. '나한테 바퀴가 있잖아요!'

댄과 제니퍼는 아무 근심 걱정 없이 메스키트숲 위를 낮게 날고 있는데 우리는 높은 고도로 날고 있는 이유를 퍼프에게 설명하기가 쉽지 않았다. 이렇게 날아봤자 무슨 차이가 있을까 하는 생각도 들었다. 어차피 제니퍼의 엔진이 고장 나면 퍼프와 나도 저 아래 관목이 우거진 땅으로 내려가야 하는데.

각자에게 편안한 고도로 날면 된다. 오늘 나는 댄보다 높은 고도로 날고 있을 뿐이었다. 이렇게 느긋한 국토 횡단 대형도 괜찮았다. 댄이 가까이서 날아달라고 요청하지 않는 한, 2호기가 1호기에 바짝 붙어 날아야 한다는 법도 없으니까. 댄은 내가 멀찍이 높은 곳에서 날아도 된다고 했다. 높은 곳에서 날아도 마땅한 착륙 장소가 보이지 않기는 마찬가지였다.

오늘 우리의 비행을 요약하자면 한 대는 대담하게, 한 대는 조심스럽게 날았다고 표현할 수 있다. 드문 일도 아니었다. 균형을 맞출 수 있는 파트너를 골라 비행하면 되는 것이다.

우리는 댄의 수호천사처럼 높은 곳에서 날고 있었지만, 사진을 찍어 확인해 보니 제니퍼가 어디 있는지 찾기가 쉽지 않았다.

이 사진 속 어딘가에
제니퍼가 있지만, 찾으려면
돋보기가 필요할 것이다.

이렇게 하면 좀 더 잘 보인다
(엔진이 멈추면 좀 더 잘 보일 것이다).

시레이가 별나게 작은 비행기거나, 우리가 별나게 큰 행성에서 살고 있거나 둘 중 하나일 것이다.

퍼프는 자기가 그렇게 작은 비행기는 아니라고 주장했다. 그래, 어련하겠냐.

조금 전까지만 해도 비행 계획, 즉 계기 비행 계획을 세워야 한다고 하지 않았나? 날씨가 좋으면 소형 비행기는 굳이 안전을 위한 비행 계획을 세우지 않아도 되는 걸까? 경비행기 사고가 나면 조종사는 속상해하며 이렇게 말하곤 한다. "……비행 계획을 세우지 않은 게 문제였던 것 같습니다."

이 말이 조종사와 비행기가 하늘에 아무렇게나 떠다닌다는 말처럼 들렸을까? 항공 교통 관제소 같은 책임 있는 기관의 직원이 지켜보고 있지도 않다는 것처럼? 말도 안 되는 소리다! 날씨가 좋을 때의 비행 계획은 비행기가 실종됐을 때 탐색 구조팀이 어디부터 찾아봐야 할지 알려주는 역할을 한다. 다른 이유는 없다. 아무도 지켜보지 않고 아무도 신경 쓰지 않는다.

댄과 나는 비행 계획을 세워본 적이 없다. 여러분은 그 이유를 별로 알고 싶지 않을 것이다. 우리는 실종될 상황에 놓여도 알아서 스스로를 구할 것이다. 우리가 목적지를 바꾸거나 어느 강둑에서 밤을 보내기로 결정했을 때 누가 우리를 찾는답시고 보낸 헬기의 회전 날개 소리와 탐조등 불빛에 방해받고 싶지 않다. 도움이 필요하면, 그리고 도움을 받는 게 가능하다면, 우리가 알아서 청할 것이다. 도움을 받을 수 없는 상황이면 우리가 알아서 스스로를 돌볼 것이다. 비행기 조종사가 투덜대는 소리를 듣고 싶은가? 그렇다면 비행 계획 없이 하늘로 나선 소형 비행기가 얼마나 큰 위험에 처할 수 있는지에 관한 얘기를 꺼내보기 바란다!

연료가 부족한 상태인지 정확히 판단이 서지 않아서 우리는 만약을 대비해 방향을 돌려 난기류를 뚫고 플로이다다 공항으로 내려갔다. 우리는 연료 부족 상태로 비행하는 것과 관련해 신중한 편이었다. 연료를 채우려면 공항으로 가야 하는데 우리 비행기의 연료가 바닥났을 때 만약 근처 공항에 무슨 일이 생겼거나 공항이 폐쇄됐으면 어떻게 할까? 그런 일은 실제로 거의 일어나지 않지만, 신중한 조종사라면 그런 일이 발생할 가능성을 늘 염두에 둔다.

"착륙에 대비해 바퀴를 내리겠습니다."

댄이 무전기로 말했다. 제니퍼는 착륙 패턴의 다운윈드 구간(비행기가 뒤에서 앞으로 밀어주는 바람을 타고 가는 구간―옮긴이)으로 진입했다. 활주로에 부는 바람이 적어도 시속 32킬로미터는 됐다. 나는 퍼프의 착륙 활주 거리를 10도 정도로 조종하면서 바람을 향해 나아가기로 했다.

"위스키 탱고는 베이스를 최종으로 돌립니다."

댄이 말하자 퍼프와 나는 그의 뒤에서 착륙하기 위해 방향을 돌렸다.

제니퍼는 바로 착륙하지 않고 훌쩍 날아 착륙 활주로의 한 옆으로 향했다.

"2호기. 활주로 포장 중이네요."

그랬다. 뜨거운 텍사스의 오후에, 시커먼 타르가 발려서 번들거리는 활주로가 보였다. 제니퍼는 한 바퀴 돌면서 바퀴를 올렸다. 그때 무전기에서 낯선 목소리가 말했다.

"플로이다다 공항은 폐쇄됐습니다. 활주로가 폐쇄됐으니 플로이다다 공항에 착륙하지 말고 선회 바랍니다."

"수신 양호."

댄이 대답하자 상대가 텍사스 사투리로 말했다.

"미안하게 됐구먼요."

"괜찮습니다."

걱정할 필요 없다고? 물론이다. 도저히 있을 것 같지 않은 일이 일어나기는 했다. 공항이 폐쇄된 덕분에 연료가 거의 다 떨어질 때까지 착륙을 못 하게 됐을 뿐, 걱정할 일이 뭐가 또 있을까. 댄이 말했다.

"시레이 2호기. 플레인뷰로 갑시다. 45킬로미터쯤 가면 나와요."

나는 무전기 버튼을 누르면서 "수신 양호"라고 말하는 것 말고는 할 수 있는 게 없었다. 결정해야 할 일이 생겼을 때 2호기 조종사로 있으면 편하기는 하다.

댄은 지역 무전 주파수로 플레인뷰 공항과 통신을 시도했다 (여러분도 조만간 비행을 배울 테니 참고로 알려드리자면, 이것을 'UNICOM' 주파수라고 한다).

"플레인뷰 공항의 바람은 240도 방향, 풍속은 시속 31킬로미터, 돌풍은 시속 53킬로미터입니다."

우리는 22번 활주로로 20도 가로질러 나아가야 했다. 너무 전문적인 용어를 쓴 것처럼 들리는지? 지금까지 여러분과 우리는 오랫동안 함께 비행해 왔다. 그러니 이제는 여러분도 나침반 방향에 맞춰 활주로에 번호를 붙인다는 것을 알고 있을

터다. 22번 활주로는 기수 자방위(magnetic heading) 220도에 있다. 따라서 240도 방향에서 불어오는 바람은 그 활주로를 기준으로 오른쪽에서 20도 방향에서 부는 바람이 된다.

퍼프와 나는 옆바람을 맞으며 웃었다. (우리는 비행하면서 바람을 향해 웃곤 했다. 물론 폭풍우 정도의 바람일 때 우리는 지상에 있을 테니 이렇게 웃을 일도 없다.)

댄과 제니퍼도 우리처럼 기분이 좋은지는 알 수 없었지만 나빠 보이지는 않았다. 그들은 그림처럼 아름답게 지상으로 내려가 바람을 향해 나아갔다. 퍼프와 나도 그 뒤를 따랐다.

요즘 퍼프는 나보다도 자주 '식은 죽 먹기'라는 말을 했다. 내가 말했다.

"조심해, 퍼프. 비행하면서 지나치게 자신감에 차있으면 위험해."

'적당한 자신감이거든요!'

퍼프가 나를 놀리듯 웃었다. 하지만 나는 우리 둘을 위해 비행하면서 늘 신중하자고 마음먹는 사람이었다.

우리는 연료를 채우기 위해 천천히 달려갔다. 댄이 우리가 밤을 보낼 격납고를 찾아냈다! 바람이 꽤 불고 있는데 큰 격납고에 들어갈 수 있어서 다행이다.

비행기들을 격납고에 안전하게 넣어두고 차를 타고 호텔로 향하며 댄에게 물었다.

"비행 중에 연료가 부족해지면 어떻게 할 겁니까, 댄? 제니퍼의 엔진이 고장 났는데…… 우리는 하늘 높이 떠있고 착륙할 만한 곳도 보이지 않는다면요. 사방에 덤불과 암석만 있다면 말이에요!"

댄은 놀란 얼굴로 나를 쳐다보았다.

"농담하는 거죠? 온갖 종류의 착륙 장소가 있잖아요! 이 정도 바람이면 착륙 활주는 몇 미터면 충분합니다. 이런 바람에 착륙하는 걸 두 번 정도 보여준 적 있잖아요. 사진 찍기에 아름다운 장소는 아니었지만요."

그 말이 사실이라는 걸 인정해야 했다. 시레이 비행기가 시속 56킬로미터 속도로 착륙하고 풍속이 시속 40킬로미터면, 바퀴가 지면에 닿을 때 속도는 시속 16킬로미터가 된다. 그 정도면 목숨이 위험한 시나리오는 아니다. 그 정도 속도면 아주 좁은 공간에서도 착륙 가능하다.

그날 오후 댄은 제니퍼의 기화기 문제를 확인하고 해결하러 공항으로 돌아갔다. 연료 증기를 제대로 환기해야 할 필요가 있었다. 제니퍼의 엔진 상태는 양호했지만 연료가 낭비되는 상황이라, 로키산맥 분수계를 넘기 전 그 문제를 해결해야 했다.

호텔로 돌아와 저녁을 먹으면서 댄이 말했다.

"오늘 밤에 격납고를 쓸 수 있어서 다행이에요!"

흐음.

"댄, 오늘 밤에 우리가 격납고를 쓸 수 있는 게 어째서 다행이죠?"

"바람 때문에요! 아까 격납고에서 엔진을 손보고 있는데 바깥에서 바람이 불더라고요. 그런데 갑자기 화물열차가 달리는 것 같은 소리가 나는 겁니다. 사람들이 토네이도가 지나가고 있다고 하더군요. 그렇게 거친 바람 소리는 처음 들어봤어요……. 그 큰 격납고가 흔들리더라고요!"

수호천사들에게 감사할 따름이었다. 캣 할머니에게도 고마웠다! 스티븐빌에서 폭풍우를 피해 안전하게 밤을 보냈던 것처럼, 오늘 우리 비행기들은 미리 격납고에 들어간 덕분에 토네이도에 휩쓸리지 않았다!

우리를 날개로 품어 지켜주는 천사들이 있다는 걸 인정하는 게 맞을 것 같다. 내가 천사라면 인정받고 싶을 테니까.

오늘 나는 이런 깨달음을 얻었다. **살면서 보이지 않는 힘이 우리를 긍정적인 방향으로 이끌어 준다는 것을 굳게 믿을수록 그 힘은 우리에게 더 진실하게, 더 크게 작용할 것이다.**

우리를 지켜주는 존재

오늘 아침에 격납고로 가고 있는데 바람이 마구 울부짖었다. 바람이 주석 벽으로 된 격납고를 뒤흔들고 두드리는 동안, 퍼프의 기수에서 몇 센티미터 떨어진 바닥에 무엇이 있었는지 한번 맞혀보시길.

깃털이다. 상상하면 이루어진다, 이 세상에서 눈으로 보는 것 이상의 무언

가가 존재하고 작용한다. 우리가 선택한 길을 나아갈 때 섬세한 힘이 우리를 이끌어 준다, 같은 진실을 다층적으로 일깨워 주는 장치가 바로 깃털이다.

물론 퍼프 근처에 깃털이 떨어져 있던 게 순전히 우연일 수도 있다. 가끔 새들이 격납고 지붕 트러스에 둥지를 지으러 오기도 하니까. 그런데 격납고 안에 다른 깃털은 하나도 없었다. 나는 과거에 내 비행기 근처에서 깃털을 봤던 날에 대한 기억을 열심히 되짚어 보았다.

오늘 댄과 나는 로키산맥 분수계를 조심스럽게 넘어갈 작정이었다. 제니퍼의 기화기가 제대로 작동하지 않으면, 바람이 시속 48킬로미터로 계속 불면서 우리에게 악을 쓴다면, 우리 중 하나 혹은 우리 둘 다 소형 비행기로 거대한 산맥을 넘어가는 일에 부담을 느낀다면, 오늘은 꼼짝없이 쉬면서 재정비할 것이다. 지금 우리는 이 세 가지 조건에 모두 해당했다. 그러니 오늘은 못 가고 휴식을 취하면서 재정비하기로 했다.

비행하면서 기화기를 테스트하기 위해 일찌감치 일어나 호텔을 나선 댄은 북서쪽 기상관측소가 시속 80킬로미터가 넘는 바람이 불 것이라 예보했다는 소식을 갖고 호텔로 돌아왔다. 지금 텍사스 서부에 부는 바람은 단순한 짐작이 아니라 수치로 측정한 것이었다.

우리가 플로리다를 떠나기 전에 내가 일지에 적은 글이 있다. 텍사스에서 바람 때문에 꼼짝 못 할 수 있으니 비행 일정을 이틀 정도 추가해야겠다는 내용이었다. 경비행기를 타고 다니면 흔히 겪을 수 있는 일이긴 하지만, 이번에는 직감이 맞았다. 아니면 생각을 계속하면 현실로 이루어진다는 말처럼 된 걸까?

비행 테스트가 이상할 정도로 잘됐어요, 하고 댄은 말했다. 댄이 제니퍼의 엔진 연료 소모율을 측정했는데 시간당 4.9갤런, 분당 회전수 5,000회로 나왔다. 애초에 설계될 때의 수치였다. 그래도 여전히 프로펠러로 연료가 새고 있어서 완전히 정상인 상태는 아니었다.

"내일 엔진 전문가를 불러야겠습니다. 어떻게 조치할 생각인지 물어봐야겠어요."

우리는 오늘 여행을 접고 비행기를 점검하기로 했다. 사소한 문제들을 해결하고, 그동안 여행하며 묻은 흙먼지와 물기 등을 제거하기로 한 것이다.

나는 퍼프를 이리저리 살펴보면서 대기속도 피토관(pitot tube)을 다시 고정하고, 머플러에서 쓸모없는 배기통을 떼어내고, 깨끗한 물로 표면을 문질러 닦았다. 바깥에서 폭풍우가 악을 쓰는 동안 나는 우리가 오늘 이 안에서 안전하게 쉴 수 있게 해준 무수한 우연들을 떠올렸다.

그 순간 세찬 바람이 요란하게 불면서 판금 지붕을 마구 두드렸다. 내가 아기 돼지 삼 형제 중 하나가 아니라서, 이 격납고를 밀짚으로 지으려는 계획이 승인을 못 받고 강철로 지으려는 계획이 승인되어서 다행이라는 생각을 했다.

우리를 지켜주는 존재

어제 플로이다다 공항 활주로에 뜨거운 타르가 듬뿍 발라져 있지 않았다면 어떻게 됐을까? 그 공항이 어제 하루 동안 폐쇄된 덕분에 나는 앞으로 이십 년쯤 후를 생각해 보게 됐다. 이십 년 뒤 댄과 나는 그 공항에 착륙해 연료를 채우고 텍사스주 플레인뷰를 지나서 날아가게 될 것이다.

이 공항을 지나갈 수도 있다. 다른 공항에는 격납고에 빈자리가 하나도 없었는데 마침 운영 중인 데다 격납고에 시레이 두 대가 들어갈 자리가 있었던 이 공항 말이다.

흙먼지 악마들의 어머니라 할 수 있는 강풍이 화물열차만큼이나 요란한 소리와 천둥을 동반한 토네이도와 함께 퍼프와 제니퍼의 머리 위를 날아가기 직전에 우리는 이 피난처를 찾아 들어왔다. 그 강풍은 격납고를 무너뜨릴 정도는 아니었지만, 만약 우리 비행기들이 야외에 밧줄로 고정돼 있었다면 아마 박살이 나고 말았을 것이다.

우리가 그곳에서 머문 덕분에 댄은 제니퍼의 기화기를 공장 사양에 맞춰 수리할 수 있었다. 연료 환기 문제는 완전히 해결하지 못했지만 말이다.

그곳에 머물면서 전에는 몰랐던 사실들을 알게 됐다. 지금처럼 퍼프가 냉각수 없는 상태로 비행할 게 아니라, 냉각수가 라디에이터 오버플로 저장소를 절반쯤 채워야 알맞다는 것. 우리가 비행기를 느긋하게 점검할 시간을 벌지 못했다면 퍼프는 라디에이터에 냉각수가 거의 없는 상태로 산맥을 향해 95도로 날아오를 뻔했다. 덕분에 나는 그 마을에서 구할 수 있는 냉각수 혼합 제품을 사서 라디에이터 오버플로 저장소를 다시 채우고, 여분을 통에 담아둘 수 있었다.

우리가 그곳에 머물지 않았다면, 댄은 적당한 재료를 찾아 제니퍼의 오른쪽 바퀴를 수리하지 못했을 것이다. 그 바퀴에서 바람이 서서히 새고 있던 참이었다.

우리가 여기 머물게 된 덕분에 댄은 스티븐빌에서 폭풍우를 맞으며 야간 비행을 하느라 떨어져 나간 제니퍼의 방향타 잠금장치를 교체할 수 있었다.

그곳에서 꼼꼼히 점검하면서 나는 오래전에 시트 사이로 떨어져 잃어버린 선글라스를 기체 바닥에서 찾아냈다.

또한 댄은 무게가 많이 나가는 물건들을 이 공항에 맡겨, 비행을 앞두고 제니퍼의 몸을 가볍게 할 수 있었다.

어제 바람이 격하게 휘몰아치는 동안, 문득 우리의 시운전 비행은 끝났다는 생각이 들었다. 이제 우리는 연습 비행이 아니라 그냥 비행을 하게 된 것이다. 텍사스주 플레인뷰는 사방 수백 킬로미터 내에서 우리가 휴식을 취하며 재정비할 수 있는 몇 안 되는 장소 중 하나였다. 사실 그 후 2,897킬로미터를 비행하는 동안 우리는 비행기들이 들어가 쉴 수 있는 격납고를 찾아내지 못했다. (나중에 추가로 적은 내용: 퍼프와 제니퍼는 그때부터 여행이 끝날 때까지 격납고 안을 구경도 못 했다.)

남쪽 지평선을 향한 활주로에 타르가 잔뜩 발라져 있지 않앉다면, 그 후 우리에게 폭포처럼 쏟아진 긍정적인 일들이 없었으면, 나는 오늘 아침 내 비행기 옆에서 깃털을 발견하지 못했을 것이다.

38

결단

    댄과 나는 여러 가지 상황을 놓고 장단점을 따져가며 오랫동안 토론한 끝에 결론을 내렸다. 이 여행을 하면서 죽음을 각오해야 할 만큼, 우리를 믿고 따르는 충직한 비행기들을 망가뜨려도 될 만큼 가치 있는 건 없다는 것.

    일정을 죽어라 지켜야 할 필요도, 특정 항로를 고집할 이유도, 어떤 장소에 계획보다 오래 머무느라 스트레스를 받을 필요도 없었다. 사진을 찍느라 죽음을 자초할 필요도 없었는데, 이 부분에 관해 댄은 완전히 확신하지는 못했다.

    또한 우리는 앞으로 둘 중 하나가 빠져나오기 힘든 곳에 착륙할 경우, 나머지 하나가 근처 공항으로 날아가 지상 구조나 헬기 구조를 요청하기로 합의했다.

좋지 않은 곳에 착륙한 쪽의 상태가 나쁘거나 조종석에서 빠져나오지 못할 지경이면, 나머지 하나는 지형에 상관없이 근처에 착륙해서 구해줘야 한다.

이 대화를 마친 후 나는 본능적으로 댄이 여행 중에 사진을 잘 찍으려고 거친 암석 지대 위를 낮게 날 수도 있겠다는 생각을 했다. 그런 곳을 날다가 제니퍼의 엔진이 고장 나면 퍼프와 나는 댄과 제니퍼를 구하는 구조팀이 되어야 했다. 퍼프와 나는 애초에 그런 모험을 하지 않을 것이므로 그 반대 입장이 될 일은 없을 것이다.

'미션 임파서블 팀'을 이끄는 짐 펠프스가 된 심정이었다. 영화 〈미션 임파서블〉에서처럼 "자네가 이 임무를 받아들인다면……"이라는 말이 흘러나오고, 그 말이 녹음된 카세트테이프가 불에 타 연기로 변하는 이미지가 떠올랐다. 아무리 불가능한 임무라도 그냥 해내기로 결심했다는 것만 빼면 비슷했다. 요즘 같은 때 매일 잠자리에 들 적마다 마음에 새겨야 할 지혜가 아닌가 싶다.

이렇듯 결정한 뒤에는 테스트를 거쳐야 했다. 댄은 아침 일찍부터 통화하느라 바빴는데, 제니퍼를 위한 새 기화기를 자기 호텔 방으로 보내달라며 급행으로 배달을 요청했다. 플로리다의 엔진 전문가도 댄과 같은 생각일 것이다. 다른 부품의 상태가 아무리 완벽해도, 기화기가 기체 밖으로 연료 증기를 배출하는 것은 분명 비행기에 좋지 않은 영향을 줄 테니까.

결국 우리는 하루나 이틀 더 플레인뷰에 머물게 됐다. 그 시간 동안 우리는 제니퍼의 뒷바퀴 어셈블리도 교체하기로 했다.

얼마 전 퍼프는 뒷바퀴 견인 케이블이 지금도 쓸만하지만 닳았으니 교체하면 좋겠다는 말을 한 적이 있다.

댄은 퍼프의 뒷바퀴 견인 케이블을 꼼꼼하게 점검해 주었다. 한두 가닥 정도 끊어져 있었다.

"케이블 상태는 괜찮아요. 문제가 되려면 한참은 더 남았어요."

(퍼프는 댄을 중요하게 생각하고 그의 경험을 존중했다. 물론 편리와 상관없이 새 케이블을 장착했다면 퍼프는 기분이 더 좋았을 것이다.)

중요한 수리는 아니었다. 이제 큰 정비 없이 나머지 여행을 할 수 있는 상태가 됐으니 우리는 만약을 가정해 여기저기 손대는 것을 멈추기로 했다. 바위투성이 계곡을 넘어가는 중에 퍼프의 기화기가 고장 나면 기회가 있었을 때 고칠걸 하고 후회하게 될까? 아닐까? 이런 식의 생각도 그만하기로 했다.

우리는 (곰이 출몰하는 산에서 1~2주 정도 비행기 잔해 속에 남겨져 나무껍질과 솔잎을 주워 먹으며 버텨야 하는 상황을 비롯해) 죽음을 각오하면서까지 해야 하는 일에 관한 얘기도 나눴다.

아침부터 갑작스럽게 싸늘해진 터라 나는 생존 가방에서 모자 달린 운동복 상의를 꺼내 입고, 워터 슈즈도 장화로 갈아 신었다.

퍼프의 기화기와 저장소를 채우고, 작업하면서 엔진 여기저기에 튄 부동액을 닦아냈다. 그 와중에 스위스 공군 장교가 탈출 및 우회 공격 파괴에 사용하는 접이식 칼 여분을 찾아내 댄에게 선물로 주었다. 그는 매일 소소하게 기계를 손볼 때마다 늘 내게 접이식 칼을 빌려달라고 했는데 이제는 칼 빌려달란 소리를 안 할 것이다.

칼을 선물 받고 얼마 후에(그는 겉으로는 별로 티를 안 냈는데 칼 선물이 꽤 마음에 든 모양이었다) 그는 내가 붙인 칼 이름을 고쳐 말했다.

"스위스 공군 장교가 탈출 및 우회 구조 회복에 사용하는 칼을 선물로 줘서 고마워요. 당신이 공격과 파괴가 우리의 목표라고 생각하지 않는다면 칼 이름을 이렇게 고쳐 부르는 게 맞는 것 같아서요."

나는 이 칼에 붙은 도구로 누군가를 공격하고 파괴할 계획이 없었기에 그의 말에 따르기로 했다.

이 비행기로도 우리는 누군가를 공격하고 파괴할 뜻이 없었다. 댄이 활주로 건너편에 묘한 물건이 보인다고 해서 우리는 비행기를 몰고 그리로 가까이 가보았다.

댄이 바짝 가까이에서 그것을 확인했다. 날개 끝 탱크가 사라지고, 캐노피도 흐릿해졌으며, 엔진 흡기 장치가 막히긴 했어도 비행기 기종을 바로 알아볼 수 있었다. 내가 처음 몰아본 제트기였던 록히드 T-33A 비행기였다.

T-33A와 내가 지금은 꾀죄죄한 꼬락서니긴 하지만 우리가 함께 비행하던 시절에는 둘 다 내부가 은색으로 반짝반짝했었다.

나는 댄에게 그 시절 얘기를 늘어놓았다. T-33A의 공기 조화 시스템이 어찌나 뛰어난지 조종사의 어깨에 눈이 쌓여 눈덩이를 모아서 던질 수 있을 정도였다. 습한 날에도 전속력으로 비행할 수 있었다. 믿음직하고 정직한 비행기였다. 이륙 전에 날개 끝 탱크의 뚜껑을 바짝 잠가야 했다(안 그랬다간 한쪽 연료 탱크에서 연료가 모조리 빠져나가 균형을 잃고 곤경에 처하게 되니까). 조종사가 너무 느리게 비행기를 회전시켜 앞바퀴가 유도로에서 옆으로 움직이면 어떤 일이 일어나는지 아느냐(최대 출력을 가한 상태로 조종사가 한쪽 브레이크를 밟아 바퀴를 곧게 펴면, 고정되지 않은 부분들이 엔진의 제트 분사 때 수평선 너머로 날아가 버릴 수 있다). 대략 이런 얘기였다.

그로부터 반세기가 지난 지금, T-33A는 찬란했던 나날을 뒤로한 채 단 위에 놓여있었다. 문득 예전에 한 늙다리 조종사가 내게 과거의 영광을 늘어놓았던 것처럼, 내가 지금 댄에게 수다를 떨었다는 생각이 들었다. "우리 소피스 카멜 전투기 말이야, 이 녀석은 로터리 엔진을 갖고 있어서 왼쪽으로 미친 듯이 회전을 할 수 있거든. 리히트호펜 서커스 편대의 포커기도 왼쪽 회전에서만큼은 이 카멜을 못 따라가. 물론 리히트호펜 서커스 편대도 대단하긴 하지. 그들은 바로 근처에 올 때까지 알아채기 어려울 정도로 비행 솜씨가 뛰어나니까……."

과거에 나는 F-84, F-86은 물론 '세기의 시리즈'라 불린 최신 전투기 F-100도 몰아보았다. 그 후 100, 101, 102, 104, 105, 106도 타봤다. 한때 최신 비밀 기종으로 분류됐던 이 비행기들은 현재 캐노피가 부옇게 흐려지고 흡기 장치가 막힌 상태로 전시되어 있었다.

이 행성에서 영혼은 그대로인데 몸만 늙은 채 살고 있으니 기분이 참 묘하다. 저 비행기들이 살아 움직이던 시절이 기억에 생생하고 과거가 바로 엊그제 일처럼 느껴지니 더 그렇다. 나는 저 T-33의 연료 카운터가 어디 있는지, 시동을 켤 때 우르르 울리는 진동이 어떤 느낌인지, F-84F를 타고 최종 진입 시 대기속도가 얼마여야 하는지(대기속도는 140노트여야 맞지만, 남은 연료가 약 900킬로그램일 경우 450킬로그램당 5노트씩 속도가 증가한다), 이륙 시 로켓 부스터 네 개를 분사하기 위해 이륙 보조 장치(ATO) 버튼을 누를 때 어떤 느낌이 드는지까지 여러분에게 말해줄 수 있다.

마치 높은 곳에 놓인 무덤처럼 비행기들이 단 위에 자리하고 있었다. 옛 비행을 추억하는 꿈속에서, 한때 저 비행기의 조종석에 탑승해 시동을 걸고 지상 근무원에게 엄지를 들어 보인 젊은이들의 마음속에서, 저 비행기들의 영혼은 여전히 살아 숨쉬고 있다.

오늘 아침에는 눈물이 나지 않았는데, 이 글을 쓰고 있는 지금은 어째서 눈물이 나는 걸까?

39

정비하는 날의 깜짝 방문

로니 로빈슨은 플레인뷰 공항에서 정비 격납고를 운영한다. 그는 처음 만나고 0.5초 만에 호감이 가는 그런 종류의 사람이다. 그는 사십 년째 비행기를 만들고, 비행기로 하늘을 날고, 비행기가 다시 날 수 있도록 재조립하는 일을 해왔다. 여기가 바다에서 무척이나 먼 곳임에도 불구하고 로니의 격납고 벽에는 캣 할머니의 그림이 걸려있어서 마치 캣이 우리 세상으로 들어온 것처럼 보였다!

캣 할머니는 나와 마찬가지로 비행에 관한 기억을 여전히 생생하게 간직하고 있다. 우리가 원한다면, 캣 할머니가 배우고 공유하려 한 깨달음의 가치를 우리가 소중히 여긴다면, 그 생생한 기억을 우리 것으로 만들어 볼 수 있지 않을까? 당연히

가능하다고 본다. 캣 할머니의 두 후손과 함께하는 이 여정을 통해 우리는 그 예를 보게 될 것이다.

오늘은 늦게까지 정비를 했고 한 시간 전에야 겨우 끝냈다. 오늘 하루 동안 댄은 한쪽 기화기를 교체했고, 다른 쪽 기화기(이 비행기의 엔진에는 기화기가 두 대 있다)의 문제를 찾아내 수리했으며, 스파크 플러그와 뒷바퀴 어셈블리를 교체했고, 예상치 못한 부품 고장이 착륙 기어를 건드리는 일이 없도록 시스템을 만들었다. 그러고 나서 댄은 일몰 무렵에 제니퍼를 타고 시험비행까지 마쳤다. 저무는 햇살 속에서 제니퍼는 완벽하게 잘 날았다.

우리는 내일 아침 일찍 길을 떠날 것이다. 뉴멕시코주 북쪽을 향해 곡선을 그리며 느긋하게 날아보려 한다.

시간이 늦어서 그만 자야 할 것 같으니 이 페이지를 이만 끝내야겠다. 우리는 여기서 캣 할머니를 보고 깜짝 놀랐고 캣 할머니가 우리와 함께 여행하고 있다는 느낌을 받았다. 여러분도 그 기분을 같이 느끼면 좋겠다.

여행 중에 이런 일이 일어날 확률이 얼마나 될까.

40

물속의 칼 그리고 비행

우리는 아침 7시 반에 플레인뷰 공항 활주로에서 바퀴를 들어 올리며 날아올랐다. 활주로를 떠난 후에도 한참 동안 바퀴가 계속 돌아갔다. 그게 신경 쓰이면 브레이크 핸들을 잡으면 된다.

새틴처럼 곱고 부드러운 공기를 타고 서쪽으로 방향을 돌렸다. 조종을 멈추고 비행기가 알아서 날게 두었다. 비행기는 북서쪽 고지대로 날아갔다.

처음에 발밑의 땅은 집중적으로 관리된 곳처럼 보였다. 야생의 흔적이라곤 없는 것 같았다.

저 아래에 흙으로 빚어 구운 쐐기 같은 드넓은 벌판이 펼쳐졌다. 우리는 매끄러운 공기를 타고 활강하면서 고도를 높여

햇빛 아래 두 마리 나비처럼 날아올랐다. 한 시간쯤 지나자 처음 생각과 달리 여기는 문명의 흔적이라곤 없으며, 시야가 닿는 곳 끄트머리까지 황무지임을 알게 됐다.

고도를 높이면서 공기 중에 점차 한기가 느껴졌다. 6,000피트(약 1,800미터)도 추웠는데 7,000피트가 되자 더 추워졌다. 그 시점에서 6,000피트로 내려갔다가는 몇백 피트 지하로 처박힐 수도 있어서 차라리 추위를 감수하기로 했다.

지금 퍼프는 매분 자신의 고도 기록을 새로 쓰고 있었다. 이번에 착륙하게 되면 예전 기록을 무려 네 배나 갱신한 셈이 될 것이다. 퍼프는 보이지 않는 망토를 날개에 두르듯 부담 없이 가볍게 경험을 쌓아가고 있었다. 앞으로 이렇게 기록을 갱신하는 날도 있고, 아닌 날도 있을 것이다.

댄과 내가 착륙하기로 한 곳이 보였다. 호수였다.

"수상 착륙을 위해 바퀴를 모두 올리겠습니다……."

이 말을 하면서 댄은 오싹할 정도로 움직임이 없는 땅 한가운데로, 터키옥 같은 청록색 호수로 강하했다.

해발고도 4,200피트에 위치한 콘자스 호수였다. 늘 걱정이 많은 나는 또 의구심이 들었다. 공기가 희박한 곳에 착륙했다가 다시 날아오를 수 있을까? 댄은 이미 경험한 바가 있는지 의문을 제기하지 않았다. 우리는 미 대륙을 횡단한 오리들처럼 몇 날 며칠 건조하게 날다가 기쁜 마음으로 깃털을 적셨다.

마음이 편안해졌다. 날개 아래에 단단하고 뾰족한 무언가가 있긴 했지만 퍼프도 긴장을 풀고 그 순간을 즐기는 게 느껴졌다. 우리는 몇 분 동안 나란히 물 위를 떠갔다. 제니퍼의 전방 수면은 드넓고 맑았으나 나와 퍼프의 앞에는 가느다란 갈대밭

이 100여 미터 펼쳐져 있었다. 갈대는 문제가 되지 않기에 우리는 그대로 쭉 밀고 나아갔다.

댄과 제니퍼는 하얀 물보라에 휩싸였다가 다시 날아올랐다.

해보자, 퍼프!

내가 스로틀을 완전히 밀자, 퍼프는 해수면에 가까울 때처럼 빠르지는 않아도 날아오르기는 했다. 시속 48킬로미터로 수면을 스치듯 날다가 시속 56킬로미터로 속도를 높이자 갈대밭이 우리를 향해 돌진해 왔다.

그 순간 전방에 있는 것이 갈대가 아니라 나무임을 알아차렸다! 단단하면서도 잘 부러지고 끝이 뾰족한 메스키트 나무숲이었다! 강을 댐으로 막아 형성된 이 호수의 물에 잠겨, 잎사귀 하나 없이 칼날처럼 날카롭게 뻗은 나뭇가지들이 물 위로 뾰족

뾰족 올라와 있었다. 칼들이 눈앞으로 빠르게 돌진해 왔다. 시속 59킬로미터로 다가오는 저 나뭇가지에 부딪혔다간 퍼프가 거의 잘게 다져지고 말 것이다. 나는 조종간을 확 잡아당겼다.

"날아, 퍼프! 날아올라야 해!"

퍼프는 내 말을 따라주었다. 화들짝 놀란 퍼프는 연습 때보다 빠르게 이륙했다. 강철 칼날 같은 나뭇가지들이 불과 몇 센티미터 아래로 아슬아슬하게 지나갔다. 기체를 날카롭게 찢는 소리가 들려올 것 같았는데 넓게 퍼져나가는 퍼프의 날카로운 엔진음 외에는 아무 소리도 들리지 않았다. 퍼프는 안간힘을 쓰며 날아올라 서서히 속도를 높였다. 시속 80킬로미터에 도달하자 나는 비로소 퍼프의 기수를 약간 내렸다. 속도가 시속 89…… 96, 98킬로미터로 꾸준히 올라가고 있었다.

드디어 숨이 쉬어졌다. 이 사랑스러운 녀석을 향한 사랑과 기쁨, 경외감이 밀려들었다. 퍼프는 지금까지 경험으로라면 날 수 없었을지도 모를 상황에서 기어코 날아올라 우리 둘의 목숨을 구해주었다.

고맙다, 퍼프.

'식은 죽 먹기죠.' 퍼프가 숨을 할딱이며 말했다. 자랑스러워서 살짝 미소 짓는 게 느껴졌다.

젠장, 리처드. 저건 갈대가 아니라 나무였잖아! 아무것도 없는 수면에서 날아올랐어야지. 아무것도 없는 데서!

다시 고도를 높이는 동안 나는 스스로를 질책했다. 퍼프는 아무 문제 없었다고 생각하고 있었다. 우리에게 가능한 가장 높은 고도에 다다르자 다시 추위가 몰려들었고 몇 분 만에 나는 몸을 덜덜 떨었다.

왜 추위를 느낄까? 난 지질학자가 아니다. 저 아래 암석 지대는 단단하고 날카로우며, 잔인할 정도로 형형색색으로 아름다웠다. 약한 비행기를 모는 약한 인간은 바위며 땅을 피해야만 한다. 높은 고도를 비행하는 데 따른 냉기가 혈류로 밀고 들어왔다. 고도가 높아질수록 냉기가 피부를 예리하게 찌르고 들어오는 느낌이었다. 나는 지질학자가 아니라서 엔진 고장에 대비해 늘 너른 공터를 찾았다. 지금도 저 아래에 야생마가 다닌 흔적이 보였다. 하지만 우리가 이대로 착륙해 퍼프의 바퀴를 저곳에…… 닿게 한다면…….

60미터도 채 떨어지지 않은 곳에서 댄은 사뭇 다른 비행을 하고 있었다. 그는 저 아래 펼쳐진 지상의 균열과 변이, 높은 편마암 지대와 산, 물의 흐름에 의해 평평해진 땅, 그리고 지하에서부터 솟구쳐 오른 새로운 산맥 등 아무도 생성 과정을 본 적 없는 지형에 매료되어 추위도 타지 않았다. 댄의 몸에는 아드레날린이 솟구쳤지만, 나는 엔진이 고장 난 사람처럼 얼어붙고 있었다.

그렇게 비행한 세 시간 반 동안 누가 더 많은 것을 배웠고 누가 더 즐거웠을까?

(네바다주가 아니라 뉴멕시코의) 라스베이거스에 착륙했을

때 해발고도 2킬로미터인 곳이라 나는 방한복을 꺼내 입어야 했다. 여분의 옷을 여러 겹 입을 수 있으니 다행이라 생각하고 있는데, 셔츠만 입은 댄은 마지막 급경사면의 색깔을 봤느냐? 경이롭지 않느냐? 무슨 일이 있어야 산 정면에서 바위가 떨어

지는지 아느냐? 이런 질문을 던지며 신나게 떠들었다.

안타깝게도 나는 그 모든 질문에 아뇨, 아뇨, 아뇨라고 대답했다. 어찌나 추운지 목도리를 연신 목깃 안쪽으로 쑤셔 넣어야 했다.

비행 중의 마음가짐은 우리 몸의 내부 온도까지 바꿀 정도로 강력한 힘을 지니고 있다. 아마 모든 비행이 그럴 것이다. 비행기를 무서워하는 사람과 비행하다 보면 나와 그 사람의 마음이 충돌하는 게 느껴진다. 나는 '하늘의 자유를 사랑해 보는 게 어때요?'라고 묻는데 상대는 '언제 착륙해서 비행기에서 내릴 수 있나요?'라고 묻는 식이다. 물론 대개 끼리끼리 놀기 때문에 자주 있는 일은 아니다.

비행하는 동안 나는 고도에 집착했고 댄은 수백만 년이 켜켜이 쌓인 지구 구석구석을 매 순간 신나게 맛보았다.

오후 무렵, 지상이 데워지면서 상승 온난 기류가 생성되었다. 우리는 그 기류를 타고 정체 공기를 통과해 한참을 날다가 비행기가 닿을 수 있는 최고 높이로 올라갔다. 상승 온난 기류가 우리를 부드럽게 밀어 올리기도 하고 거의 폭발하듯 세차게 쳐 올리기도 했는데, 우리 비행기의 날개는 그 힘을 견뎌내느라 부르르

르 떨었다. 어느 순간 기류가 퍼프를 거의 1,000피트 가까이 올려 보낸 적도 있었다.

263쪽 사진의 다이얼은 상승 속도 표시계로 우리가 분당 400미터 미만의 속도로 상승하고 있음을 보여준다. 여기저기 하강기류도 있으므로, 상승기류를 타고 속도를 올리면서 하강기류 사이를 빠르게 통과해야 한다.

얼마 후 댄은 파밍턴에서 관제탑과 무전을 하게 됐는데, 관제탑 직원이 우리에게 다운윈드 활주로를 내주면서 바람을 꼬리에 달고 빠르게 착륙하라고 요구했다. 흔치 않은 경우여서 댄은 그 지시를 따르지 않고 조용히 기다렸다. 1분 후 그 관제탑 직원은 앞서 내린 지시를 취소했고, 우리에게 적합한 활주로를 내주면서 바람이 불어오는 방향으로 나아가며 착륙하라고 했다. 우리는 그 지시에 따라 착륙했다.

우리는 그곳에서 밤을 나기 위해 소형 수상비행기 두 대를 덮개로 덮고 고정 밧줄로 묶어놓았다. 댄이 사진을 확인하는 동안 나는 이 경험을 여러분과 공유하고자 키보드를 두드리고 있다.

내일 아침 일찍 이 나라에서 제일 끝내주는 지형(그리고 호수)을 향해 이륙할 예정이라 이제 자야겠다.

좋은 밤 보내, 퍼프. 우리를 살려줘서 고맙다.

예지

카메라 셔터를 누르기 며칠 전에 나는 이 사진을 찍게 될 줄 알았다. 내가 예상한 게 바로 이런 사진이었다.

당연히 실현되어야 해서 일어나는 일도 있다. 댄 니컨스는 인디애나 존스의 지질학자 버전 같은 사람이다. 보통 지질학자들은 비닐에 담아온 이판암과 석회석, 화성암 조각을 전자현미경으로 세밀히 들여다보는 걸로 만족한다.

나는 비행 파트너가 지질학을 좋아하기는 하지만 추락을 무릅쓸 정도는 아닐 거라 생각했다. 그런데 댄은 자칫 잘못 회전했다가는 그의 경력을 끝장낼 수도 있는 자세로 지상을 관찰하곤 했다. 댄이 대놓고 말하지는 않지만 나는 그가 비행기를 조종하는 걸 보고 그렇게 느꼈다.

군대에서는 그런 것을 CR, 즉 '미리 계산된 위험(calculated risk)'이라고 말한다. 어떤 사람이 어떤 선택을 하더라도, 결국 다 잘되게 되어있다. 물론 백 번에 한 번이나 천 번에 한 번은 일이 틀어져 매우 곤란한 상황이 되거나 최악의 경우 목숨을 내놓아야 할 수도 있지만.

지난 이틀 동안 제니퍼의 엔진은 재봉틀처럼 매끄럽게 잘 돌아갔다. 앞으로 한 시간 동안도 고장 없이 부우웅 소리를 내며 잘 작동할 것이다. 만약 엔진이 고장 날 경우, 우리의 인디애나 존스가 착륙할 수 있는 장소는 들쭉날쭉한 암석 지대, 하얗게 거품이 이는 빠른 물살, 작지만 치명적인 독을 가진 미지의 강 거미들이 득실거릴지도 모를 저 아래 강뿐이었다.

나는 강물이 이천만 년에 걸쳐 암석을 침식해 만든 깊은 협곡을 멀찌감치 두고, 협곡 가장자리 위를 안전하게 날며 사진을 찍었다. 퍼프의 엔진이 지금 당장 멈춘다고 해도 우리는 평평한 모래 지대나 강 위쪽 높은 곳에 있는 암석 지대에 편안하게 착륙할 수 있을 것이다. 그곳에서 편안히 쉬고 쿠키나 먹으면서 엔진을 고친 후 다시 날아오르면 그만이다.

나는 신중하게 비행하려는 입장이고 우리 인디애나 존스 씨는 호기심이 넘치는 쪽이라 그 간극이 저 협곡만큼이나 깊었다. 자칫 제니퍼의 날개가 저 단단한 바위에 부딪힐 수도 있을 것 같은 협곡 말이다. 나는 며칠 전 이 사진을 찍을 것 같은 느낌을 받았다. 성격상 나는 일이 틀어질 경우에 대비해 늘 대책을 세웠고, 댄은 더 모험적인 선택을 하는 편이었다.

댄은 이렇게 말하곤 했다.

"엔진이 멈춰도 걱정할 거 없어요! 강에 착륙해서 시레이를 타고 빠른 물살을 쭉쭉 떠가면 되니까! 하류 쪽으로 80킬로미터쯤 내려가면 강폭이 넓어져요. 그때 제일 가까이에 있는 편안한 강가로 올라가 엔진을 고치고 이륙하면 됩니다!"

수상비행기를 타고 빠른 강물을 80킬로미터 정도 떠갈 경우 생존할 확률이 얼마나 될까. 여러분은 그에게 묻고 싶을 것이다. 하지만 여러분이 댄에게 조심하라고 조언하면, 그는 세상 가여운 사람을 바라보듯 연민의 미소를 지을 것이다. 안락의자에 앉아 간접경험밖에 못 하는 이 불쌍한 사람아, 당신은 재미있는 과학 모험을 놓치고 있어!

댄은 거의 한 시간가량 이렇게 강을 따라 날아갔다. 제니퍼의 엔진은 고장 나지 않았고, 인디애나 존스 씨는 다른 과학자들은 볼 수 없는 생생한 지질학 현장을 눈에 담았다.

나는 조종사로서 위치를 지키기로 했다. 나에게 CR은 '콜로라도 강(Colorado River)'을 의미할 뿐이다. 퍼프라는 안락의자

에 앉아 한 손에는 쿠키를, 다른 손에는 망원경을 든 채 멀찌감치서 바라보는 것만으로도 충분했다.

우리는 그렇게 묘한 동행을 이어갔다. 댄은 내가 살아가는 방식에 간섭하지 않았고, 나도 그의 선택에 왈가왈부하지 않았다. 내가 그에게 뭘 해줄 수 있을지 모르겠지만, 그는 내가 인디애나 존스와 함께 비행하지 않는 한 결코 알지 못했을 경험을 하게 해주었다.

가까이 갈수록 거대해지는 암석.

우리는 (댄의 설명에 따르면 과거에는 900미터 지

하에 묻혀있었으나) 수백만 년에 걸친 침식 끝에 모습을 드러낸 거대한 암석을 빙 돌아서 날았다. 직접 손을 대지 않고 가까이서 보기만 했을 뿐이지만 '십락(Ship Rock)'이라 불리는 그 암석은 무척 단단해 보였다.

십락과 모뉴먼트 밸리, 구스넥스 주립공원을 내려다보며 날아가는 이 여정은 생각만 해도 오금이

저린 모험이었다. 퍼프가 앞으로 극복해야 할 두려움 중 하나였다.

  관심과 사랑의 힘이 얼마나 대단한가. 우리는 열정적으로 선택하고 기쁨을 누리면서, 자신도 모르게 타인의 삶을 건드리고 변화시킨다. 인디애나 존스 같은 댄의 선택도 퍼프와 내 삶에 변화를 일으켰다.

댄의 '미리 계산된 위험'을 경험한 우리는 콜로라도강을 향해 날아갔다. 강폭이 넓어지자 댄이 말했다.

"기어를 올리겠습니다……."

제니퍼의 기수가 넓고 푸른 강굽이를 향해 내려갔다.

퍼프는 다시 물에 몸이 닿고 싶어 안달 난 상태였다. 우리는 용골에 가볍게 닿는 물살의 친숙하고 기분 좋은 소리를 들으면서, 1분도 채 안 되어 기어를 올리고 플랩을 내리고 부스트 펌프를 켰다. 쾌속정처럼 넓게 호를 그리며 방향을 돌린 후 제니퍼와 함께 강변으로 향했다.

"내가 이쪽으로 갈 테니 당신이 저쪽으로 가요." 댄이 무전으로 말했다. 우리 앞에는 두 개의 작은 만(灣)이 펼쳐져 있었다. 강물이 에메랄드처럼 맑고 푸르렀다. "물밑의 바위 조심해요."

그건 어렵지 않았다. 수면에 떠서 천천히 나아가는 동안 강바닥까지 훤히 들여다보였으니까. 바위들은 깊은 물속에 잠겨 있었다.

퍼프의 기수가 가볍게 와그작 소리를 내며 모래사장으로 올라갔다. 나는 고요 속에서 엔진을 껐다. 사람 한 명 보이지 않았고 강물도 아무 소리를 내지 않았다.

댄은 평평한 바위에 점심으로 먹을 쿠키를 올려놓았다. 나는 그래놀라 바를 꺼냈다. 우리 중 누군가가 말했다.

"여기 참 좋네요."

아래는 강비탈에서 찍은 사진이다.

그랬다. 퍼프는 나를 어디로든 데려갈 수 있다. 우리가 하늘에서 내려다보며 찾아낸 어떤 비밀의 장소라도 가능하다. 공항

이 아닌 장소에 착륙이 가능한 몇 안 되는 비행기인 퍼프는 그야말로 완벽한 비행 친구다.

우리는 강변에서 한 시간 동안 달콤한 평화를 맛보았다. 텐트와 별자리 지도, 노트북을 가져와 여기서 한동안…… 어쩌면 꽤 오랫동안 머물 수 있을 것 같았다.

애리조나주 페이지시에 착륙했다. 그리고 나는 지금 이 글을 쓰고 있다. 예지라고는 하지만, 나는 미리 계획했고 이 일을 사랑했으며 일 년 가까이 준비했기에 내 인생에서 이런 일이 일어날 줄 알고 있었다. 굳이 초능력이 없어도, 어떤 일이 일어나기 한참 전에 예상할 수 있다.

큰물 탐험

 비행 당시에 저 산비탈이 화성암이 아니라 변성암인 걸 알았냐고? 아니, 몰랐다. 지금은 알지만.

 우리와 함께 날면서 비행용 무전기 스캐너를 갖고 있는 사람이 있다면 응용 지질학 수업을 무료로 들을 수 있었을 것이다. 미 대륙을 가로지르는 이 여정이 끝날 때까지는 인식 못 하다가 지금에서야 깨달은 것은…… 이 나라 전체가(그리고 당연히 이 세상 전체가) 암석 덩어리로 이루어져 있다는 사실이다.

 게다가 암석 전체가 이동하고 있었다!

 나란히 비행 중인 소형 시레이 비행기 두 대의 전방과 왼쪽에서 갑자기 다음 페이지의 사진과 같은 풍경이 펼쳐졌다!

 지금까지 쭉 평원 위를 날고 있었는데, 다음 순간 갑자기 거

대한 먼지구름과 함께 폭 10킬로미터에 달하는 산이 눈앞에 나타난 것이다. 지금까지 지면 밑에서 숨을 참고 있다가 더는 못 참겠다며 땅을 뚫고 올라온 것 같았다.

인디애나 존스에게 백만 년에 걸쳐 일어나는 지형 변화에 관한 설명을 멍하니 듣고 있던 나는 갑자기 눈앞에 산이 보이자 당황스러웠다. 우리가 지금까지 발을 딛고 살아온 이 땅, 쉼 없이 솟구치고 가라앉고 옆으로 이동하고 사라지는 이 땅을 피해야 한다는 생각이 퍼뜩 들었다.

댄은 지질학자들조차 이유를 파악 못 하는 지질 현상이 일어나기도 한다고 말했다. 그중 한 예가 로키산맥이었다. 우리는 그 너머로 가기 위해 로키산맥을 날아서 넘어가야 했다. 로키산맥이 무슨 이유로 그 자리에 있는지 아는 사람은 아무도 없다. 그 아래에는 지각판도 없었다. 어느 날 갑자기 바윗덩어

리 산맥이 3~4킬로미터 높이로 솟구친 것이다. 충동적으로 올라온 모양새인 만큼, 여러분이 1.5킬로미터 고도에서 작은 수상비행기를 타고 날아가고 있을 때 4킬로미터 높이로 산이 또 솟구치지 않으리란 보장이 없으니 조심해야 한다. 우리는 그보다 더 높은 고도에서 날고 있어서 다행이었다.

잘 생각해 보자. 여러분이 컵에 담아 마시는 식수는 그저 그런 물이 아니다. 그 물의 또 다른 이름인 수소산(hydroxic acid)은 세상에서 암석 지대를 가장 확고하게 자르고 찢고 무너뜨려 이런 지형을 만든 장본인이다. 지상을 내려다보자. 수소산이 한 컵 한 컵 모여 수백조로 확대되면 바로 이렇게 평평한 테이블 지형을 만들 수 있는 것이다.

수억 년의 세월 동안 조금씩 조금씩 뭐든 녹일 수 있는 게 바로 수소산이다!

그런데도 우리 인간들은 위험을 두려워하지 않고 덤벼들려 한다. 퍼프와 제니퍼도 페코스강 북서부에서 가장 넓고 위험한 착륙지인 '미드 호수'로 날아갔다. 수소산의 바다에 첨벙 뛰어내리고 싶어서였다!

콜로라도강을 따라 호수의 북쪽 줄기를 향해 가고 있는데 댄이 무전으로 말했다.

"당신이 1호기이니 마음껏 탐험해요!"

전에 여기 와본 적이 있으니 새로운 눈으로 호수를 관찰하고 싶은 모양이었다. 어쩌면 퍼프와 내가 댄이 보지 못했던 것을 발견할 수도 있을 것이다. 우리는 몇 분 만에 그것을 찾아냈다. 공중에서 내려다보니 맑은 물이 차있는 조용한 안식처인 호수 주변에 향신료 색깔의 호숫가가 있었다.

"수상 착륙에 대비해 바퀴를 모두 올리겠습니다."

나는 이렇게 말하며 바퀴가 모두 올라갔는지 두 번씩 확인했다. 부스트 펌프를 켜고 플랩을 내리고 스로틀을 당겼다. 유리처럼 말간 수면은 일반적으로 수상비행기가 착륙하기에 어려운 조건이지만 고도 기준점으로 삼을만한 호숫가가 있으니 어렵지 않으리라 생각했다. 호수로 다가가면서 나는 기어 상태를 세 번 확인했다. 한 바퀴 돌아 호수로 다시 돌아오면서 호수 수면으로 내려섰다. 수면에 세게 부딪히지 않았는데 집중이 흐트러져서인지 착륙이 프로답지 못했고 거의 열 번까지 뛰어 오

르는 느낌을 받았다.

집중을 유지한 댄은 내가 본 중 제일 깔끔한 착륙을 보여주었다.

경비행기 조종사와 그 비행기가 누릴 수 있는 보상 중 하나가 이런 곳에서 머물며 쉴 수 있다는 것이다.

우리는 다시 주변을 탐험하다가 이곳을 발견했다.

오후가 되자 호수 근처의 좁은 협곡에서만 바람이 불기 시작했다. 호수 수면에서

30미터가량 떠서 날고 있는데 분당 150미터 속도의 하강기류에 휘말리는 것은 생각만 해도 오금이 저렸다. 바람은 암석 침식에 자기도 한몫했음을 일깨워 주려는 듯 세차게 불어댔다.

우리는 내일 아침 일찌감치 데스 밸리로 출발하기로 했다.

댄이 지질학에 미쳐있단 얘기를 했던 걸 기억하는지? 우리가 무언가에 열정을 갖고 있지 않다면 어쩔 수 없이 지루한 삶을 살게 된다. 하고 싶어 죽겠는 일이 있다든가, 어디에 꼭 있고 싶다든가, 무언가에 흠뻑 몰입해 있는 게 없다면 열정을 가진 이가 쓰고 남긴 찌꺼기를 주워 먹으며 살 수밖에 없지 않을까?

내 생각에는 그런 것 같다.

43

넓은 모래사장을 탐험하며

당근 케이크를 좋아하는지?

네바다주 불더 시티의 어느 호텔에 식당이 하나 있다('철로' 어쩌고 하는 이름이었던 것으로 기억한다). 슬롯머신으로 둘러싸인 그 식당에서 저녁 식사를 한 후 요청만 하면 그들은 거의 호박만 한 크기의 예닐곱 겹으로 된 당근 케이크를 디저트로 가져다준다. 양이 워낙 많으니 여러분은 8분의 7 정도 남은 디저트를 싸서 호텔 방으로 가져가도 된다. 다음 날 아침 6시부터 당근 케이크를 먹으며 하루를 시작하고 싶진 않겠지만 어쩔 수 없다.

그런 이유로 나와 댄은 애초에 당근 케이크를 주문하지 않고 여행을 계속했다. 데스 밸리 한가운데서 엔진이 고장 나 고립됐다가 오십 년쯤 후 석화된 케이크를 손에 들고 있는 시체로 발견되면 기분이 어떨까?

우리는 군대 용어로 '생존 상황'에 처해 착륙할 경우에 대비해서 여분의 물을 챙겼다.

그리고 관제탑 직원이 허락할 만한 시간 내에 가장 빠르게 날아올랐다.

황야에 익숙한 퍼프와 제니퍼가 복잡한 현대식 공항에 있는 모습을 보고 있으면 여전히 묘한 기분이 든다.

목적지인 데스 밸리의 퍼니스 크릭 공항에서 연료 공급을 받을 수 없는 상황이라 댄은 조종석에 19리터의 연료를 실었고, 우리는 최대한 서둘러 그곳을 떠났다.

따뜻했던 공기가 고도를 높일수록 싸늘해졌다. 물론 외부에서 볼 때는 그리 싸늘하게 보이지 않는 풍경이었다.

1호기로 날고 있는 내게 댄이 무전으로 말했다.
"이렇게 멋진 곳을 놓치지 않아서 다행이네요!"
그 말이 끝나기가 무섭게 제니퍼는 우리가 힘겹게 올린 고도를 확 내리며 나선형으로 거칠게 강하하기 시작했다.
오늘 밤에 댄이 멋진 사진들을 현상할 수 있겠구만, 하고 나는 생각했다.
해수면보다 76미터 아래에 위치한 데스 밸리에서는 묘하고 괴상한 현상들이 일어난다. 지금도 퍼프의 그림자가 제멋대로 놓여났다. 퍼프가 비행하면서 그림자 챙기는 걸 잊기도 했고, 우리가 날아가는 동안 그림자가 멋대로 사라지기도 했다……. 지금은 그림자가 우리를 뒤에 두고 저만치 앞에 있는 퍼니스

크릭으로 빠르게 날아가고
있었다.

   그걸 보며 내가 물었다.
   퍼프? 저거 네 그림자냐? 저게 지금 뭘 하는 거야?
   '그게, 어쩔 수 없어요. 제 멋대로라서.'

   댄은 알아채지 못한 눈치였다. 그는 세상 어디에도 없는 독특한 교실에서 지질학을 공부하고 있었다. 책에서 봤던 걸 실제로 보고 있으니 오죽할까.

   댄이 무전으로 지형에 관해 설명했다. 이 바짝 마른 규산염 지대에 추락하면 목숨을 부지하기 어려울 텐데 그는 아랑곳하지 않았다. 물론 생존은 지질학자의 관심 분야가 아닐 것이다.

이 산맥은 모래로 뒤덮여 있지도 않았다. 모래를 뚫고 지표면 위로 우뚝 올라온 이 산에 추락하면…… 어찌 살아남을지를 어떻게 궁리도 안 하는 걸까!

흥미로운 암석과 모래, 수백만 톤의 건조한 먼지가 흩날릴 뿐 생명의 흔적이라곤 없는 산맥 한가운데를 지날 때쯤, 내 비행기의 항행 보조 시스템이 고장 났다. 내 위치를 나타내는 작은 비행기 그림과 함께 깔끔하게 움직이는 지도가 보여야 할 자리가 텅 비어버린 것이다. 전기를 공급하는 부품이 망가져 귀중한 전기가 끊어진 모양이었다.

종이 지도를 보니 퍼니스 크릭이…… 지금은 눈에 안 보여도 저 앞 어딘가에 있을 것 같았다. 생명체의 흔적이라곤 없는 듯한 이 산맥 근처에서 퍼니스 크릭이 갑자기 나타날 것 같은 기분이 들기도 했다.

댄은 별로 신경 쓰지 않는 것 같았다. 주변은 온통 암석이고 정오에 데스 밸리 한가운데서 길을 잃을지도 모르니 제정신인 사람 같으면 당연히 신경 써야 할 테지만 말이다! 주변에 온통…… 엄청난 암석들이 있으니! 댄이라면 당연히 탐험하고 싶겠지?

퇴적층이 어떤 식으로 회전한다는 걸 알면, 저곳이 여기서 80킬로미터 떨어진 시에라네바다산맥의 힘에 떠밀려 왔다는 걸 알아챘을 겁니다, 리처드!

우리는 마치 영화 각본에 따라 비행하는, 상반된 우선순위를 둔 인물들 같았다. 댄은 세상에서 가장 경이로운 지질학 현장을 눈앞에서 생생하게 보는 것을 우선하고, 나는…… 살아남는 걸 우선하는 사람이었다.

 내 종이 지도는 찢어진 데다 미국 서부 지역 전체가 그려져 있을 뿐이었다. 점점 뜨겁게 달아오르는 사막 한가운데의 상세한 내용을 볼 수 없으니, 우리가 정확히 어디에 있는지도 알 수

없었다. 이 와중에 로스앤젤레스라든지, 바로 옆에 만이 있어서 '만 옆의 도시'라 불리는 샌프란시스코가 어디 있는지까지 알아야 할까?

소형 수상비행기 두 대가 이런…… 사막…… 한가운데서 뭘 하는 건가, 하는 생각이 뇌리를 스쳤다.

의식이 혼미하고 신기루가 춤을 추는 가운데 무전기 버튼을 누르고 묻고 싶었다.

"아, 댄. 저쪽에 커다란 초록색 나무랑 자유롭게 흐르는 물줄기 보여요? 당신과 나를 기다리고 있는 것 같군요. 시원하고…… 맑은 물이 있고……."

하지만 나는 끝내 무전기 버튼을 누르지 않았다. 지도를 접고 주변을 열심히 살폈다. 저쪽이 북쪽이니까 여기가 바로 퍼니스 크릭인가…….

나는 생각으로 말을 전했다.

퍼프, 사람들이 왜 여기를 '시원하고 맑은 물 샛강'이라고 부르는 대신 '퍼니스 크릭(Furnace Creek. '용광로 샛강'이라는 뜻—옮긴이)'이라고 부를까?

내 비행기 퍼프는 모험을 통해 방대한 경험을 쌓고 빠르게 성장하고 있었지만 세련되거나 예리한 편은 아니었다.

'불타는 것처럼 뜨거워서?'

30분 뒤, 전방 저 멀리에 작은 초록색 점이 보였다. 드디어 초록색이었다!

나는 지도를 옆으로 치웠다. 다행히 2호기 조종사인 댄은 무전기 마이크 버튼을 누른 상태에서 한 말만 들을 수 있어서, 우리의 생각은 댄에게 전해지지 않았다.

"시레이. 우리는 활주로 15에 착륙하겠습니다. 229로 갑시다."

"2호기, 수신 양호."

이제 여러분은 조종사들이 쓰는 용어에 어느 정도 익숙해졌을 것이다. 15번 활주로는 기수 자방위 150도를 향해 뻗어있는 착륙 활주로를 의미한다. 이 각도는 남동쪽이라 바람이 불어오는 방향이 되는데, 가급적 바람이 불어오는 방향으로 착륙해야 부드러운 착륙이 가능하다. 229라는 숫자는 퍼니스 크릭 공항의 항공 교통 관제실이 사용하는 무전기 주파수 122.9메가사이클(알겠다, 어색하지만 물리학자 하인리히 루돌프 헤르츠를 기리는 의미에서 '메가헤르츠'라고 하자)을 의미한다.

댄이 "2호기, 수신 양호"라고 대답한 것은 (두 대로 이루어진) 우리 비행 편대의 2호기(댄과 제니퍼)가 어떻게 해야 하는지 알아들었다는 뜻이다. 그가 "네"라는 말까지 붙여서 대답할 필요는 없다. "네"라고 대답할 수도 있지만, 지금 같은 공식 무전에서는 "2호기, 수신 양호"가 더 적절하다.

나는 새 주파수로 변경하고 무전기 버튼을 누르며 말했다.

"앞장서겠습니다."

그러자 댄이 대답했다.

"2호기, 수신 양호."

댄도 주파수를 변경해서 우리가 다시 같은 무전기 채널을 쓰게 됐다는 뜻이었다.

그 시점에서 나는 퍼니스 크릭 공항의 지정 비행경로에 있을지도 모를 다른 비행기들을 위해 방송했다. (세계 유수의 사막 한가운데에 있는 공항에서 말이다. 하하.)

"퍼니스 크릭에 와있는 비행기들에게 알립니다. 시레이 두 대로 이루어진 비행 편대 소속 시레이 346 파파 에코, 남동쪽 3.2킬로미터 지점에서 퍼니스 크릭 활주로 15를 향해 좌측 다운윈드 구간으로 가겠습니다."

내가 위치 보고를 시작한 직후에 다른 비행기가 이 주파수로 들어올 경우 그 비행기는 우리가 착륙하려는 지점을 모르는 상태라 우리를 못 볼 수도 있어서 나는 일부러 '퍼니스 크릭'을 두 번이나 말했다.

오늘 하필 그런 일이 일어날 가능성은 물론 적었다.

지상 착륙을 위해 바퀴를 모두 내리고, 플랩을 내리고, 부스트 펌프를 켜고…… 익숙한 확인 절차를 해나갔다. 조종석 캐노피 해치를 젖혀 높은 고도의 시원한 공기를 마지막으로 만끽한 후, 스로틀을 당겨 공회전하면서 착륙을 위해 방향을 돌렸다.

그 순간 시커먼 점 같은 게 보이더니 쿵! 소리와 함께 무언가가 비행기에 부딪혔다!

우리를 친 게 무엇인지, 기체가 얼마나 손상됐는지 알 수 없었다. 바퀴가 뜯겨 나갔는지 확인하기 위해 바퀴가 내려진 상태를 확인했다. 고도는 충분하니 활주로에 닿기까지 동력 걱정을 할 필요는 없어, 리처드. 아까 그 쿵! 소리에 너무 신경 쓰지 마. 지금부터 중요한 건 착륙이야. 착륙을 잘해내야 해.

퍼프는 비명도 내지르지 않고, 말도 하지 않았다.

영화 〈탑건〉이라면 나는 무전기 버튼을 누르고 악을 쓰며 구조 요청을 했을 것이다. 조종사라면 그게 얼마나 부질없는 짓인지 잘 알지만, 시나리오 작가들은 비행 영화에 그런 장면을 넣는 걸 좋아한다. 다행히 나는 〈탑건〉에 나오는 인물이 아니라서 그대로 조용히 퍼니스 크릭 공항에 착륙하기로 했다. 저 아래 활주로는 깨끗하고 넓었다. 그냥 비행기를 타고 날다가 활강하며 내려가 천천히 느긋하게 뒷바퀴를 먼저 땅에 붙였다…….

타이어에서 끼익 끼익 소리가 나고 퍼프는 곧장 활주로의 중심선을 따라 달려갔다. 무엇이 우리에게 부딪혔는지 몰라도 착륙 기어를 망가뜨리지는 않은 모양이었다.

우리는 천천히 지상을 달리다가 엔진을 껐다. 조종석 바깥으로 눈을 돌려 퍼프에게 충돌 흔적이 남았는지 살펴보았다. 찍힌 자국도, 긁힌 자국도 보이지 않았다.

뭐지? 신비로운 현상에 의아해하며 쿠키 주머니에서 쿠키를 하나 꺼냈다.

그런데 조종석이 좀 달라졌다. 조종석에서 내려가며 생각해 봤다⋯⋯. 지난 2주 동안 내가 앉아있던 이 조종석에서 달라진 부분이 무엇일까?

내 방한복. 달라진 건 그 부분이었다. 검은색 방한복이 없어졌다. 오른쪽 시트 뒤쪽의 짐칸에 쑤셔 박아뒀는데 그게 없어진 것이다.

시원한 공기를 마시려고 캐노피 해치를 열고 착륙하면서 회전했을 때⋯⋯ 조종석으로 갑작스레 세찬 바람이 밀려들었을 때, 추위 없는 삶을 꿈꾸던 방한복이 탈출한 모양이었다! 시커먼 무언가가 홱 지나가는 걸 본 것 같기도 했다. 그리고 다음 순간 쿵! 소리가 들렸다. 내 몸의 모양이 고스란히 남아있는 방한복 겸 침낭이 비행기 바깥으로 튀어 나갈 때 아마 소매인지 다리인지 모를 부분이 프로펠러에 부딪혔을 것이다.

멀지 않은 곳에서 댄이 제니퍼의 연료 탱크에 휘발유 두 캔을 붓고 있었다.

나는 그에게 걸어가며 고개를 절레절레 저었다.

"댄, 지금 진짜 웃기는 일이 일어났어요!"

"무슨 일인데요?"

나의 2호기 조종사 겸 지질학자 겸 교관인 댄은 내 얘기를 들을 준비가 돼있었다. 리처드가 살아있고 퍼프도 상하지 않았으니 큰일은 아닐 것이라 여기는 표정이었다. 혹시 내가 보지 못한, 변성암이 솟구치는 장면이라든지 모래로 뒤덮인 경사면을 리처드가 본 것일까? 이런 생각을 했을 것이다.

"내 방한복이요! 최종 착륙지로 빙 돌아서 오다가 바람이 들이쳐서…… 방한복이 비행기 바깥으로 날아갔어요!"

"그 방한복이 퍼프를 쳤다면…… 퍼프는 괜찮아요?"

댄이 연료를 마저 붓고 나서 내 비행기 쪽으로 함께 걸어갔다.

"겉으로는 괜찮아 보입니다."

"그런가요. 여기 좀 보세요. 프로펠러 끄트머리요."

프로펠러 한쪽 날개의 끄트머리 구석진 부분에 0.5센티미터 정도로 긁힌 자국이 나있었다. 그곳에 검은 실 한 가닥이 붙어있는 게 보였다.

지상에서 손녀와 함께 산책하던 사람이 그 광경을 봤으면 뭐라고 했을까?

"저기 보렴, 샬럿, 저 작고 귀여운 비행기가 착륙할 건가 봐. 여기서는 비행기 착륙 장면을 자주 볼 수 없잖니. 저 비행기는 어디서 왔을까? 헉…… **조종사가 비행기에서 떨어져 나왔어!** 보지 마라. 아이고, 불쌍한 조종사가 선인장으로 떨어지고 있구나. 작고 귀여운 비행기 혼자 착륙하고 있어!"

얼핏 그렇게 보였을 것도 같다. 이렇게 괴상한 일이 일어나면 오해받을 수 있으니, 눈에 보이는 게 전부라고 생각하지 말기 바란다.

공짜 방한복을 얻고 싶다면 여기 있으니 가져가도 좋다. 실한 올이 떨어져 나간 방한복이 미국 캘리포니아주 데스 밸리의 퍼니스 크릭 공항 활주로 15 방향의 베이스 레그 아래에 있을지도 모른다.

앞으로 얼어 죽게 추운 날이 있을지 모르겠지만 운에 맡길 것이다. 나중에 데스 밸리에 오게 될 여러분을 위해 방한복을 그 자리에 두고 떠날 생각이다. 댄과 나는 북서쪽으로 한 시간쯤 더 가면 나오는 비숍시로 출발했다.

꽤 높은 산등성이를 넘어야 해서 최대한 고도를 높여야 했다. 상승 온난 기류를 이용하고 활상에 관해 내가 아는 지식을 총동원하며 고군분투했다. 그런데 내가 그렇게 애쓰는 동안 댄은 지질학 현상을 관찰하며 즐기고 있었다.

"저 아래 9시 방향 모래언덕 옆에 있는 도로 보이죠? 만약 당신이 공항 외 착륙을 하고 싶다면……."

"지금 고도를 높이느라 애쓰는 중입니다. 기껏 올려놓은 고도를 버리고 도로에 착륙하고 싶지 않아요."

"수신 양호."

아, 비행이라는 게 원래 진지하게 해야 하는 일이라고, 리처드? 산맥을 넘기 위해 고도를 더 높이느라 **모래언덕이나** 쳐다보고 있을 건가? 거기만 쳐다보고 있지 않아도 어떻게든 넘어갈 산맥인데? 불쌍하다!

하지만 한가롭게 놀기에는 내가 너무 나이를 먹었다. 남동쪽에서 바람이 불어오고 있으니 산맥 남동쪽 측면에는 상승기류가, 북서쪽 측면에는 하강기류가 있을 것이다. 이 상승 온난 기류를 타고 날아오르다가…… 이쪽 남동쪽 봉우리를 따라 활공하면 될 것 같은데.

산등성이까지 오르자 16킬로미터쯤 떨어진 곳에 넓고 푸르며 네모난 땅과 그곳에 그늘을 드리운 나무들이 보였다. 캘리포니아주 비숍시였다.

자잘한 봉우리들 사이로 조심스럽게 나아갔다. 그곳을 빨리 지나가려고 무리하다가는 하강기류에 휘말릴 수 있었다. 산악지대에서는 상승기류를 놓치지도, 하강기류에 말려들지도 말아야 한다. 그랬다간 재미없는 일이 일어날 수 있다.

공항에 도착해서…… 바퀴가 떨어져 나가거나 엔진이 멈춰서 착륙할 수밖에 없을 때, 그 뒤의 산맥 근처에 형성된 북서쪽 하강기류를 잡아볼 수도 있을 듯했다. 이 생각이 맞는지 시험해 보고 싶었다.

아쉽게도 산등성이 북쪽에는 하강기류가 없었다. 하강기류는 물론이고 상승기류도 없었다.

일단 지상으로 끌려 내려갈 일은 없을 듯했다. 나는 인생을 살면서 하강기류 같은, 일어나지도 않을 일을 걱정하느라 지나치게 몸을 사리지 않았나? 일어나지도 않을 일을 두려워하느라 너무 소심한 선택만 하며 살지는 않았나?

소명에 관한 비유를 놓고 생각해 보니, 우리가 삶을 살아가는 방식에 날카로운 질문을 던지게 된다.

내가 너무 조심스럽게 살았나? 가능하다면 앞으로는 변해야 할까?

난 변할 수 있다. 그 부분을 생각해 봐야 한다. 어쩌면 내게 오토바이가 필요할 수도 있다.

호텔 방에서 여기까지 글을 쓰고 로비로 나왔는데, 가죽으로 된 오토바이 라이딩 복장을 한 두 남자가 이 호텔에서 그날 밤을 묵으려고 체크인 중이었다.

댄과 내가 시레이를 타고 미 대륙을 가로질러 날고 있는 것처럼, 그들은 할리데이비슨 오토바이를 타고 미 대륙을 가로질러 달리다가 딱 그 지점에서 우리를 만났으니 묘한 인연이었다.

나는 그들에게 사진을 찍어도 되는지 물었다. 그들이 자기네 방으로 간 후, 나도 그 자리를 떠나 그 패거리 대장의 오토바이

를 마지막으로 바라보았다. 문득 뒤쪽 펜더에 그려진 깃털 그림이 눈에 띄었다.

 이번 여행이 어떻게 되어가고 있는 건지 누가 내게 말해줄래요?

44

이륙 그리고 자유

댄과 나는 국토를 횡단하면서 매일 하루를 이렇게 시작했다. 나란히 주차된 시레이 두 대. 1호기 조종사는 조종석에 조용히 앉아있는 2호기 조종사를 바라본다. 2호기 조종사가 고개를 끄덕이며, 엔진 점화 준비가 됐다고 알린다. 1호기 조종사는 고개를 끄덕이며 시동 스위치를 누른다. 2호기 조종사도 거의 동시에 시동 스위치를 누른다. 비행 대기선에서 비행기 두 대의 프로펠러가 부드럽게 푸르르르 소리를 낸다. 우리의 하루가 시작된다.

우리는 거의 늘 목적지를 정하지 않고 날았다. 지역이나 고도는 물론이고, 오늘 댄이 1호기 조종사가 될지 리처드가 1호기 조종사가 될지도 정하지 않았다. 그냥 대략적인 방향만 합의한 상태로 날았고 우리를 반겨주는 느낌이 드는 곳에 착륙해서 연료를 채우곤 했다.

오늘의 비행은 어제 우리가 합의한 대로 이루어졌다. 우리는 '지질학자가 꿈꾸는 비행 사파리와 잔잔한 국토 횡단 모험'을 하고 있었다. 이 모험에는 석회암과 용암, 브라인슈림프(바닷물고기의 먹이나 관상용으로 쓰이는 갑각류의 일종—옮긴이) 같은 놀라운 자연환경이 가득한 모노 호수 선회가 포함되었고, 대략 북쪽으로 날아가면 되는 식이었다.

댄이 카메라를 갖고 있어서 1호기 조종사 노릇을 하기도 했고, 퍼프가 클로즈업 사진을 찍을 준비가 된 날에는 내가 1호기 조종사 노릇을 했다. 댄은 원하는 사진을 찍기 알맞은 각도로 제니퍼를 날게 했다. 모노 호수 주변의 지대가 높은 편이고, 비숍부터는 볼만한 경치가 별로 없는 대신 고도를 오랫동안 높여야 해서 댄이 1호기 조종사가 되었다.

댄이 길을 찾으며 나와 함께 고도를 높이고 있는데 하늘이 어두워지기 시작했다. 퍼프는 그 기회에 10,000피트(약 3,000미터)

이상의 고도를 기록했다.

퍼프는 어제 데스 밸리를 짧게 여행하면서 해수면에서 100피트 미만으로 비행한 기록과 함께 저 사진을 자기 격납고 벽에 붙여둘 것이다.

대기속도의 차이는 공기 농도와 관계가 있는데, 그것은 여러분이 스포츠 조종사 면허를 취득할 때 공부하게 될 영역이다.

퍼프는 고도를 높이면서, 댄과 제니퍼가 저 아래 석회암 탑 사이를 날아다니는 모습을 바라보았다. 나는 처음 들어봤는데 모노 호수는 석회암 탑으로 유명하다고 한다.

댄은 지질학자의 천국이라고 알려진 곳을 마음껏 날았다. 댄 말고 또 누가 저렇게 돌을 연구하려고 비행기를 타고 날아다닐까? 댄에게 석회암 사진을 1,000장 정도 찍은 거 아니냐고 묻자, 그는 나를 측은하다는 듯 쳐다보면서 되물었다. "겨우 1,000장이요?" 짐작하건대, 댄은 아마 이번 여행을 하면서《제니퍼의 살아있는 지질학: 작은 수륙양용기를 위한 지침서》같은 제목을 달고 나올 그의 책에 넣을 사진을 5만 장은 찍었을 것 같다. 정확히 그 제목이 아닐 수도 있지만, 어쨌든 그가 사진을 어마어마하게 찍은 건 사실이다.

댄은 특이한 호수 표면으로 내려갔다가 가볍게 맛만 보고 다시 날아올랐다. 만약 그 고도에서 수면에 내려앉았으면 제니퍼는 공기가 더 차가워질 때까지 다시 날아오르지 못했을 것이다.

그들이 수면으로 잠깐 내려갔을 때 물 색깔이 진짜 이랬다. 나는 핸드폰 카메라를 창문에 대고 이 사진을 찍었다.

잠시 후, 댄은 모노 호수라는 특이한 지형에서 멋진 사진을 찍어줄 테니 퍼프를 데리고 내려오라고 말했다.

'나를 저 물에…… 닿게 하지 말아요.'

그곳에서 비행하고 있으니 묘한 기분이 들었다. 소름이 끼치기도 하고, 괴상하고, 죽음이 느껴지기도 했다. 댄은 그 호수에 물고기가 없는 대신 갈매기의 먹이가 되는 브라인슈림프가 수백만 마리 살고 있다고 설명해 주었다. 또한 모노 호수는 로스앤젤레스의 상수도원이라고 했다.

우리는 화산 구멍 같은 곳을 빙 돌아서 날아갔다. 그 구멍 안에는 용암 덩어리가 들어앉아 있었다. 어떻게 저런 용암 지대가 있을 수 있는지 궁금했지만 댄에게 굳이 묻지 않았다. 그저 지진 때문에 저런 용암 덩어리가 형성됐을 거라고, 인류가 목격한 적 없는 엄청난 규모의 지진이었을 거라고 짐작할 뿐이었다.

나는 원래 지질학에 큰 관심이 없었는데, 지질학 공부를 좋

아하는 사람과 함께 비행하다 보니 이런 지형에 관심이 좀 생겼다.

원래 나는 바위를 그저 단단한 덩어리, 꿈쩍도 하지 않는 무거운 덩어리 정도로만 생각했다. 백만 년 동안 저런 바위 지대를 관측한다면, 단단한 표면 아래 저 깊숙한 곳에 액체 상태의 바위가 있는 걸 확인할 수 있을 거라고 댄은 말했다. 플라스틱처럼 휘어지고 이리저리 뒤틀리며 부글부글 끓는 바위 말이다. 높은 곳에서 내려다보면 단단한 지면 아래서 바위들이 마치 물처럼 이리저리 떠밀리며 부서지는 것을 볼 수 있을 거라고, 사방에서 산맥들이 솟구치고 터지고 있을 거라고 했다. 그 얘기를 들으니 제니퍼의 책이 기대된다.

사진 촬영이 끝날 때쯤 지면이 달아오르기 시작했다. 우리는 호수가 있는 괴물의 수프 그릇 같은 그곳을 벗어나기 위해 세일플레인처럼 상승기류를 찾아다녔다. 그 정도 고도와 온도에서 시레이는 분당 몇백 피트 정도 상승할 수 있었다……. 엔진의 도움 없이 올라갈 수 있는 실용 상승 한도가 그 정도였다. 그런데 오늘 상승기류의 도움을 받자 시레이는 분당 1,000피트 이상 상승할 수 있었다. 다만 하강기류에서는 그만큼 빨리 고도를 잃게 되어서 우리는 저지대의 한계를 벗어날 때까지 여러 공기 기둥들과 파트너를 바꿔가면서 춤을 추었다.

완전한 저지대라기보다는 상대적으로 그렇다는 얘기다. 우리는 30분가량 거친 공기를 비행해 워커 호수에 도착했다. 밀도 고도는 6,000피트였다. 우리는 개인 무전기 채널로 잡담을 나눴다.

"해발 높이가 4,000피트인데 밀도 고도는 6,000피트네요, 댄. 바람이 아예 없거나, 있어도 약해요. 착륙하면 다시 이륙이 가능할까요?"

"모르겠습니다. 시도해 보죠. 내가 먼저 해볼게요. 제니퍼가 할 수 있는지 확인해 보겠습니다."

"제니퍼가 못 해내면 우리도 착륙해서 저기서 야영하죠. 내일 공기가 시원할 때 이륙하면 되니까요."

"괜찮은 계획이네요."

"그럼 내가 먼저 가겠습니다. 퍼프가 서부의 높은 고도를 좋아하는지 확인해 볼게요."

"그러세요."

가보자, 퍼프. 물놀이 한번 해보자.

퍼프는 모험을 좋아하니 충분히 다시 이륙할 수 있을 듯했다. 무척 아름다운 호수였다.

워커 호수는 모노 호수처럼 뱀파이어가 나올 것 같은 기괴한 분위기는 아니었다. 푸른색과 초록색으로 빛나는 맑은 호수였다.

"수상 착륙을 위해 바퀴를 모두 올리겠습니다."

이렇게 바퀴를 올리고 확인하는 게 백만 번째인 것 같았다. 퍼프의 속도를 시속 96킬로미터로 늦췄다. 플랩을 내리고, 부스트 펌프를 켜고, 바람을 거슬러 선회하며 내려갔다. 몇 초 만에 기체와 수면의 거리가 몇 센티미터로 좁혀졌고 물방울이 튀었다. 퍼프의 용골이 수면에 닿으며 촤아아 소리가 들렸다. 퍼프는 우아하게 미끄러지면서 멈춘 뒤 차분하고 기분 좋게 물 위를 떠갔다. 제니퍼도 단계별로 강하하고 있었다.

자, 퍼프, 다시 이륙할 수 있는지 보자.

'식은 죽 먹기죠.'

스로틀을 앞으로 밀면서 이륙을 시도했다. 공기가 너무 희박해 놀랐는지 퍼프는 몇 초 동안 반응이 없었다. 그러다가 움직이긴 했는데 훌쩍 날아오르기보다는 수면을 쭉 나아가는 정도였다.

이륙 그리고 자유

조종간을 완전히 앞으로 밀었다. 높은 고도에서 이륙할 때 댄이 알려준 방법이었다. 퍼프는 몸이 가벼워지면서 속도를 올렸고 드디어 물보라와 함께 날아오르기 시작했다. 그러다가 머리를 흔들며 본격적으로 몸을 높였다. 이윽고 물을 가르며 날다가 위로 떠올랐다. 한참 미끄러지며 이륙하긴 했지만 마침내 퍼프의 용골에서 물방울이 반짝이는 게 보였고 우리는 허공에 떴다.

"잘했어, 퍼프!"

나는 소리쳤다. 그랬다고 생각했다. 퍼프와 단둘이 비행할 때는 내가 소리를 내서 퍼프에게 말했는지, 아니면 생각만으로 말을 전했는지 헷갈린다. 퍼프는 제니퍼에게 자기 역량을 보여 줄 수 있어 기뻐하는 것 같았다. 큰언니 제니퍼가 퍼프에게 말하는 게 느껴졌다.

'잘했어, 퍼프!'

"수상 착륙을 위해 바퀴를 모두 올립니다."

댄이 말했다. 우리는 고도를 높이며 선회했고, 댄과 제니퍼는 하강했다. 하늘에서 내려다본 풍경이 어찌나 아름다운지. 댄의 작은 시레이가 수면으로 내려가는 모습은 그야말로 장관이었다.

우리도 내려가 제니퍼 옆으로 다가갔다. 제니퍼는 느긋하게 호숫가로 올라가고 있었다. 우리도 그 뒤를 따라갔다. 내려다보니 깊이가 2미터 조금 안 되어 보이는 호수는 무척 맑았다.

바닥에는 모래가 깔렸고 부서진 사암들이 흩어져 있었다(나중에 댄에게 들은 바로는 사암이 아니라 염류피각이라고 했다). 다른 호수들에 비해 수심이 얕고 물이 맑았다. 우리 앞에서 제니퍼가 멈춰 섰다. 댄은 호숫가에서 30미터 정도 거리를 두고 엔진을 껐다.

잠시 후 퍼프의 용골이 모래 바닥에 닿는 게 느껴졌다. 두 번 쿵 쿵 치는 느낌이었다. 우리는 제니퍼보다 호숫가에서 조금 더 멀리 있었는데, 퍼프 얘기로는 우리가 미끄러져서 갈 수 있는 건 여기까지라고 했다.

"고마워, 꼬마 캣."

퍼프가 캣이라는 별명은 자기가 아니라 제니퍼에게 어울린다고 항의하기 전에 나는 얼른 퍼프의 엔진을 껐다.

퍼프의 기체에 부딪히는 얕은 파도 말고는 전체적으로 고요했다. 어깨 하네스를 풀고 헤드셋을 벗었다. 댄은 이미 조종석을 나와 호숫가 쪽으로 철벅철벅 걸어가고 있었다. 그는 걸을 때마다 진창에 쑥쑥 빠지는지 다소 휘청대는 모습이었다.

잠시 후 나는 댄이 정말 그러고 있다는 걸 알게 됐다. 걸을 때마다 빽빽한 모래에 20센티미터씩 발이 쑥쑥 빠졌다. 발을 억지로 끌어 올려도 장화는 뜻대로 되지 않아 자꾸 모래에 묻혔다. 나는 어쩔 수 없이 장화를 벗어 들고 호숫가로 비틀비틀 걸어 올라갔다.

호숫가에 서서 넓고 텅 빈 호수와 우리의 비행기들을 바라보았다.

사방 수 킬로미터 안에 살아있는 생물이라곤 우리 넷뿐이었다. 댄과 나는 풍경과 서로를 바라보며 웃기 시작했다. 전에도 같은 상황일 때 이렇게 웃은 적 있었다. 두 미친놈이 주변 8,000킬로미터 안에 아무도 없는 곳에 오도카니 와있으니 웃음이 날 수밖에?

그렇네.

웃기기도 하고 자유롭기도 했다.

우리는 누구의 허락도 받지 않고 우리 의지에 따라 여기로 왔다. 우리에겐 아무도 필요 없었다. 그저 가장 원하는 일을 하면서 살고 있을 뿐이었다. 지금 우리가 원하는 것은, 사람이라곤 없는 이 호숫가에 서있는 것이었다. 투명한 바위처럼 묵직하게 일렁이는 맑고 차가운 물을 앞에 둔 지금, 햇살 아래 발자국도, 타이어 자국도 없이 우리 넷뿐이었다.

우리는 자유를 만끽하며 웃었다. 그동안 엄청난 공부와 작업, 돈, 노력을 들이고 이 작은 비행기들을 늘 우선시하면서 비행 기술을 연마한 덕분에 우리는 사막의 호숫가에서 이렇게 자유로이 서있을 수 있었다. 우리는 스스로 선택해 여기 온 것이다.

그때까지 나는 퍼프의 작은 조종석에 앉아 백 시간 넘게 비행했고 수백 번 수상 착륙을 경험했다. 때로는 두려울 때도 있었지만 하늘 아래 유유자적하게, 같은 선택을 한 친구와 함께 이렇게 웃고 있었다. 이런 꿈을 현실로 이루기 위해 다른 가능성을 희생한 덕분이었다. 우리는 골프, 볼링, 스포츠 행사, 토요일 밤 절친들과의 술자리와 카드놀이를 모조리 포기한 덕분에 지금 여기 이렇게 서있을 수 있었다.

순전한 기쁨을 누리며 큰 소리로 웃고 있으니 더욱 즐거웠다.

워커 호수에서 30분 정도 더 날아가자 네바다 호수가 보였다. 이 호수에는 여기저기에 사람들이 좀 보였고 배 몇 척이 떠 있었는데, 우리가 착륙한 쪽에서는 그들이 보이지 않았다.

카슨시의 공항에서 우리 비행기들에게 쉴 곳을 마련해 주기로 했다. 우리는 그날 집으로 돌아가는 지역 조종사를 잠시 태워주었다.

이제 새벽 2시다. 조용한 방 안에서 나는 여전히 웃고 있다.

160킬로미터를 날아서

날씨가 별로 좋지 않았다. 우리가 가고자 하는 북부 지역에 시속 46킬로미터의 바람이 불 예정이라고 했다. 바위투성이 지역에서 부는 바람이라 우리에게는 썩 좋지 않을 것이다. 그래도 우리는 '일기예보만 믿고 무조건 비행을 취소하지 말라'는 오래된 조종사 격언을 떠올렸다.

신중하게 코스를 탐색했다. 일단 이륙 후에 상황을 보기로 했다. 상황이 괜찮으면 착륙하면 되니까. 댄과 제니퍼가 앞장섰고, 우리는 카슨시에서 이륙해 네바다주 리노시를 지나갔다.

나는 예전에 리노시에서 살았던 적이 있다. 조용하고 예쁜 도시인데, 여러분이 화려한 조명을 좋아한다면 딱인 곳이다.

우리는 다른 시대에서 온 두 탐사자처럼 그 도시의 첨단 기술 클래스 C 공역을 지나가면서 의문을 품었다. 무전기만 있으면 되지 뭘 저렇게까지 해야 하나?

오전 10시쯤, 매끄럽던 공기가 상승기류로 바뀌면서 우리를 흔들어 댔다. 오후까지 기다리라는 뜻이었다. 허세가 끝내주는구나, 상승기류야. 오후에 오라니. 됐고, 우릴 한번 찾아내 보든가.

퍼프와 나는 항공 통제관의 레이더를 벗어나 앞장서서 날아갔다. 연료량과 비행 거리를 계산하고, 앞으로 날씨가 어떨지도 생각해 보았다. 뇌우가 치거나 폭풍이 분다면 어쩔 수 없이 수전빌로 방향을 바꿔야 할 듯했다. 나는 댄에게 무전으로 말했다.

"수전빌로 갈까요?"

"그럽시다."

댄도 자기 나름으로 계산하고 있었던 것 같았다.

수전빌까지는 97킬로미터밖에 안 되었다. 퍼프는 피라미드 호수를 가만히 내려다보았다. 높은 사막에 있는 환한 보석 같은 호수라 우리 같은 작은 수상비행기들을 홀릴만했다.

"착륙할까요?"

나는 댄에게 물었다. 호수 물은 청록색이고 호숫가는 바위투성이였다.

"나는 2호기이니 알아서 하세요."

댄은 내게 결정권을 넘겼다. 내가 말했다.

"수상 착륙을 위해 바퀴를 모두 올리겠습니다."

한참 동안 사막을 지나온 뒤라 호수의 물이 너무…… 반가웠다!

바람이 잔잔하고 물도 매끄러워서 퍼프는 기분 좋게 내려갔다. 물보라가 햇빛을 반사하며 사방에 다이아몬드 같은 빛을 흩뿌렸다. 조종석과 나에게도 물방울이 튀었다. 입술에 묻은 물방울을 혀로 핥았다. 맛있었다. 투명하고 깨끗한 물이었다.

우리는 다시 날아올라 좀 더 나아갔다. 섬 같은 게 있는 줄 알았는데 가서 보니 아니었다. 우리는 그 위로 낮게 날았다. 댄이 소리쳤다.

"텐트네요! 저 텐트 보여요?"

댄이 캠핑하는 사람의 텐트를 보고 왜 그렇게 흥분하는지 의아했다. 그 사람도 혼자 있고 싶어서 여기서 캠핑하는 것일 수 있는데.

"90-2-70 방향. 저기 좀 봐요!"

대체 어떤 2호기 조종사가 1호기 조종사에게 명령한단 말인가? 아, 생각해 보니 그는 단순한 2호기 조종사가 아니라 지질학자였다. 그는 지표에서 과학적으로 주목할 만한 무언가를 발견한 것이다.

한 방향으로 90도로 선회하다가 다른 쪽 방향으로 270도 선회하면 시작점에서 정확히 반대 방향을 바라보게 된다. 우리도 그렇게 깔끔하게 방향을 잡았다.

나는 가르침을 받은 대로 했다. 댄이 말한 땅에서 약 10미터 길이로 깃털 같은 증기가 뿜어 나오고 있었다! 댄이 말했다. 텐트가 아니라 **화구**예요!

제니퍼는 이미 수면으로 철벅 내려갔다. 퍼프와 나도 그 뒤를 따라갔다. 수상 착륙을 위해 바퀴를 모두 올렸다. 플랩, 부스트 펌프. 댄은 무엇을 찾아낸 걸까?

다음 순간 퍼프의 기수가 모래를 긁다가 공기처럼 맑은 물에서 멈췄다.

이런 곳에 어째서 아무도 없을까? 왜 호텔도 없고, 호숫가에 점점이 화려한 파라솔도 하나 없을까?

이처럼 지구상에는 문명사회가 미처 발견하지 못한 곳이 아직 많았다.

우리는 풀밭을 지나 화구 쪽으로 다가갔다. 기차역에서 출발 준비를 하는 증기기관차 같은 소리가 들려왔다. 주기적으로 분출하는 간헐 온천이 아니라 꾸준히 증기와 뜨거운 물을 뿜어내는 화구였다. 끓는 물이 쉬익쉬익 훅훅 쏴아 소리를 내며 소방호스의 물처럼 위로 솟구쳐 올랐다.

주변에 구경하는 사람이 없는데도 그랬다. 30분 동안 그곳에 서서 구경하긴 했지만, 우리가 떠난 후에도 화구가 계속해서 물을 뿜어낼지 궁금했다. 온천에서 뿜어 나온 물이 호수로 들어갔을 텐데 우리가 마셔도 될지 댄에게 물어보았다.

"아마 소금 성분이 녹아있을 겁니다."

"마셔도 될까요?"

"유황 맛 좋아한다면요."

뇌우가 오고 있어서 우리는 사진을 몇백 장 찍은 후 다시 길을 떠났다. 폭풍이 오기 전에 수전빌에 착륙해서 비행기를 끈으로 고정하고 덮개를 덮었다.

지금까지 해온 모험을 생각하니 정말 멋진 시간이었다. 우리는 어떤 해도 입지 않았고, 자연의 어두운 힘을 경험하지도 않았다.

자연의 힘이 때로는 얼마나 무시무시한지 여러분은 짐작도 못 할 것이다. 나는 수전빌 공항 사무실에서 돈을 내고 연료를 주입했다. 바다에서 최대한 멀리 날아갈 생각이었다. 우리가 들어온 문밖을 힐끗 올려다보았다.

　캣 할머니는 아니고 **캣 할머니**의 모친이라 할만한 더글러스 돌핀 수륙양용기가 댄과 나를 내려다보고 있었다. 나는 여기 끝맺음하지 않은 문장을 적겠다.
　"저 문을 나서면 과연 무슨 일이······?"
　여러분이 대신 끝맺음 해주기 바란다.

말과 행동

말하는 것과 행동하는 것은 엄연히 다르다. 우리는 그걸 자주 잊는데, 마음에 한 번씩 되새길 필요가 있다.

퍼프는 내 특징을 파악한 모양이었다. 말하고 약속하는 건 쉽지만 막상 그 일을 해야 할 때가 되면 우리는 억지로 떠밀려서 하게 마련이다. 나는 약속을 잡고 한두 번 정도 만나기로 했다가, 막상 만날 때가 되면 징징거리곤 했다. '내가 어쩌자고 만나기로 했을까? 약속이고 뭐고 혼자 있고 싶어!'

퍼프는 나와 달리 징징대지 않았다. 오늘 특히 그랬다. 착륙 한 번 하지 않고 다섯 시간을 내리 비행하는 강행군을 했는데도 군소리 하나 없었다. 내가 잠시 내려가서 쉬었다 가도 된다고 해도, 워낙 재능 있는 소형 수상비행기여서 눈 하나 깜짝하지 않았다. 퍼프는 지면과 수면을 가리지 않고 근거리 이착륙이 가능한 비행기였다. 묵직한 용수철과 케틀, 머리 위에서 윙윙 돌아가는 날개가 없어도 헬리콥터만큼 안전했다.

나는 퍼프를 조종하면서 이 나라를 횡단했다. 비행 중에 엔진이 고장 나면 어디에 착륙해야 할까? 우리가 지나온 길에서 답을 찾을 수 있다. 강도 좋고, 호수도 좋고, 도로도 좋고, 모래톱도 좋다. 60미터 정도의 공간만 확보할 수 있으면 사막 한가운데의 매끄러운 곳에도 착륙할 수 있다.

오늘은 퍼프가 헬리콥터라면 문제가 되지 않았을 일이 일어났다. 몇 시간을 날아가도 사방에 나무뿐인 곳을 지나가야 했다. 오늘 같은 날 헬리콥터 엔진이 고장 나면 나무에 착륙해도 된다. 아무리 좋은 헬리콥터나 비행기를 탔더라도, 당신이 아무리 솜씨 좋은 조종사라도, 나무 위에 착륙했으니 착륙 지점에서 걸어서 벗어나기는 어렵겠지만 말이다.

댄과 제니퍼에겐 안된 일이지만 오늘은 종일 내가 1호기 조종사였다. 그들은 내가 가자는 곳으로, 퍼프가 날아가는 곳으로 따라다녔다. 나는 숲 위를 날아서 가기로 했다. 이러다 제니퍼의 엔진이 고장 나면 댄은 꼼짝없이 숲속 나무 위에 착륙해야 할 판이었다. 그들이 빽빽한 소나무들 사이로 조금씩 가라앉게 되면 퍼프와 나는 속수무책으로 그 위에서 선회해야 할 것이다.

나는 숲이 아니라 길 위를 택해 비행할 수도 있었지만 그렇게 하지 않았다.

우리는 공칠시 삼십분에 수전빌에서 날아올랐다. 오전 7시 30분이 아니라 좀 더 단호하고 확고하게 들리도록 군대식으로 시간을 말해보았다.

수전빌은 노스캐롤라이나주의 이쪽 지역에서 숲과 사막의 경계에 자리하고 있었다. 따라서 우리가 날아가는 방향으로는 숲이 쭉 펼쳐져 있었다. 그야말로 난공불락의 숲이었다.

중간중간에 보이는 가파르고 질퍽한 공터에는 나뭇등걸과 벌목 찌꺼기(벌목꾼들이 벌목 후 땅에 버려둔 나무 몸통과 줄기를 그렇게 부른다)가 흩어져 있고, 해안 교두보의 황무지에는 대전차 장애물들이 보였다.

나는 이런 깨달음을 얻었다. **자유는 삶과 죽음을 오가는 잔잔한 게임이다.**

저 아래에 내려가 쉴 곳은 보이지 않았다.

누구도 우리에게 공짜로 자유를 주지 않는다. 우리는 자유를 소망하고 쟁취한다. 자유를 거머쥐고 자유가 약속하는 달콤한 결과물을 얻으면 그에 따른 그림자도 감당해야 한다. 바로 지독하게 실패할 가능성이다.

일 초, 일 분, 한 시간 그리고 몇 시간에 걸쳐 퍼프의 엔진 회전수는 분당 5,000회, 시간당 30만 회에 달했고 오늘 하루 비행으로만 보면 150만 회였다. 우리는 플레인부시를 제외하고 매일 꼬박 16일을 비행했다.

나는 아침마다 프로펠러를 직접 붙잡고 돌렸는데, 날개 세 개에 1.5rpm(분당 회전수)이니 날개가 열두 개면 6rpm이다. 그것도 상당한 에너지가 소모되는 일이다.

퍼프의 엔진은 프로펠러를 돌리는 데 힘을 보태주지만, 비행기든 사람이든 누군가의 목숨이 달려있다면 분당 회전수 확보가 큰 부담으로 다가오게 마련이다.

자유를 위해 만들어진 소형 수상비행기가 땅에 묶여 옴짝달싹 못 하게 된다면, 더 이상 살아있는 상태가 아니다.

문득 퍼프가 미소 짓는 게 느껴졌다.

'당신도 마찬가지 아니겠어요?'

두 시간 정도 서쪽을 향해 숲 위를 날았다. 시에라네바다산맥은 우리를 보내주기 아쉬워하며 점차 뒤로 멀어져 갔다. 고도를 8,000피트(약 2,400미터)로 유지하며 산맥을 넘어가는데 고도가 1만 피트면 더 좋았겠다 싶었다. 캘리포니아주 레딩시 근방을 날아가면서 확인해 보니 고도가 꽤 높았다. 최악의 산맥을 넘어왔는데 저 앞에 물이 보이자 안도의 한숨이 절로 나왔다! 레딩시 북쪽의 저수지인데 몇 년에 걸쳐 천천히 물로 채워지고 있었다……. 지난번에 비행했을 때 수면 위로 15미터 높이의 땅이 보였는데 오늘은 물이 가득 채워졌다. 내가 말했다.

"수상 착륙을 위해 바퀴를 올리겠습니다."

"알겠습니다."

퍼프와 제니퍼는 넓게 펼쳐진 완벽한 수면을 향해 길게 호를 그리며 강하했다. 수면에 착륙하고 보니 가파른 비탈과 소나무들이 양옆에서 우리를 굽어보고 있었다. 우리는 동력을 절

반 정도 사용하면서, 우아한 예술 작품 같은 하얀 눈 자국을 뒤로하고 쾌속정처럼 1.6킬로미터를 나아갔다.

바다의 영혼 퍼프는 물을 튀기며 기분 전환하고 다시 비행의 영혼이 되어 날아오를 준비를 했다. 손목을 살짝 움직여 스로틀을 몇 센터 앞으로 밀자, 비행기 두 대가 물을 박차고 하늘로 날아올랐다. 지구 행성이 저만치 멀어졌다. 우리는 샤스타산의 그림자와 얼음 속에서 선회하며 상승을 거듭했다.

그 산을 빙 돌면서 아침 인사를 할 생각이었는데, 가까이 갈수록 오늘은 태평하게 인사를 건넬 수 없겠다는 느낌이 들었다. 산봉우리 높이가 지금까지 우리가 기록한 최고 고도보다 높았다. 겨우 몇 미터 모자라서 이 나라에서 가장 높은 산이 되지 못한 게 바로 샤스타산이었다. 8,000피트 고도에서 이 거대한 산을 한 바퀴 돌면 우리 여정에 80킬로미터가 추가될 터였다.

우리는 나방처럼 활공해 이 산을 지나가면서 그저 경외했다……. 샤스타산의 높이와 쌓여있는 눈을 조용히 바라보며 감탄할 뿐이었다.

예전에 오리건주 메드퍼드시 남쪽 지역에 살았던 적이 있어서 이곳을 지나는 몇 분 동안 잠시 추억을 떠올렸다. 추억의 되새김질이 끝나자 무한한 숲이 펼쳐졌다.

퍼프는 엔진 고장 한 번 없이 잘 날아주었다. 처음 만난 날부터 쭉 그랬다.

너는 정말 사랑스러운 영혼이야. 네 영혼은 나를 **빼닮았어**.

네가 없었으면 이 모험을 하면서 삶을 새로이 발견할 수 있었을까!

퍼프가 가만히 몸을 비비는 게 느껴졌다.

'당신 덕분이기도 해요.'

이 순간을 아마 평생 못 잊을 것 같다.

지평선처럼 넓게 펼쳐진 숲은 마치 지상의 바람이 모두 멎은 것처럼 매끈해 보였다. 오리건주 벤던시에 가까워지면서 땅이 더욱 부드럽고 완만해졌다.

저 멀리 보이는 수평

선은 더 이상 물결치지도 파도가 일지도 않았다. 일직선처럼 매끈하며 푸른 수평선이었다.

나는 이미 경험해 봤지만 퍼프에게는 어떤 느낌이었을까? 퍼프는 태어나 처음으로 동쪽으로 비행을 계속해 바다에 도착했다. 오늘 바다는 우리의 서쪽에 있었다. 몇 분 후면 퍼프는 처음으로 미국을 횡단하는 비행을 완료하게 된다.

퍼프가 조용히 기뻐하는 게 느껴졌다. 바다에 다시 매료되는 것 같기도 했다. 무엇보다 해내겠다고 한 약속, 국토 횡단 비행을 안전하게 수행하겠다고 한 약속을 지킨 것에 대해 즐거워하며 안도하는 것 같았다.

나는 조종 장치를 조작하면서 한 바퀴 돌아 착륙하기 위해 하강했다.

'잠깐만요.'

퍼프는 어째서인지 조용히 서쪽을 바라보았고 나는 가만히 기다렸다.

퍼프의 일부는 지상에, 일부는 바다에 있었다. 나도 마찬가지였다. 우리는 광대한 무대를 놀이터 삼아 유한한 존재로서 깨달음을 얻고 모험을 해냈다. 이것은 삶과 죽음을 오가는 조용한 놀이였다.

47

연안 비행

 순항이 너무 너무 너무 지겨워지면 오리건주 해안 쪽으로 가보자. 남쪽으로 쭉 날아가다 보면 오른쪽에 세상의 푸르른 절반을 두게 된다.

 그런데 나는 북쪽으로 날아갔고, 오늘 아침 문제에 봉착해 해결해야 하는 상황을 맞이했다. 지금부터 그 얘기를 해보려고 한다. 원래 나는 세상의 푸르른 절반을 왼쪽에 두고 날면 어떤 기분일지 맛볼 계획이었다.

 (그대로 몇 시간이 지났다.)

 '맛볼 계획……' 이 부분을 쓰고 있는데 묘한 기분이 들었다. 쥐와 계획에 관한 이야기, 그리고 '결국 계획이 어긋나는 상황'이 떠올랐다.

북쪽으로 50킬로미터쯤 떨어진 곳에서 25노트로 돌풍이 불고 있다는 점을 제외하면 아침에 별문제는 없었다. 이대로 비행한다면 우리는 역방향으로 날게 되는 셈이었다. 일기예보에 따르면 낮에 온도가 올라가면서 바람이 더 거세질 것이라고 했다. 우리의 대지 속도(뒤에 있는 육지와 멀어지는 속도―옮긴이)는 시속 48킬로미터 정도일 것이다. 댄은 이것을 '행운의 맞바람'이라고 불렀다. 순풍을 타는 것보다 더 오래 비행할 수 있다는 뜻이었다.

우리는 공항에 도착해 비행 준비를 했다. 내가 비행 전 점검 목록에 따라 꼬리 쪽을 점검하고 있는데 댄이 말했다.

"퍼프의 타이어에 바람이 빠진 것 같네요."

정말 그랬다. 뒷바퀴가 바닥에 납작하게 찌그러져 있었다. 모든 게 사람의 계획대로 되지는 않는다는 묘한 경고를 그날 아침에 느꼈던 게 떠올랐다.

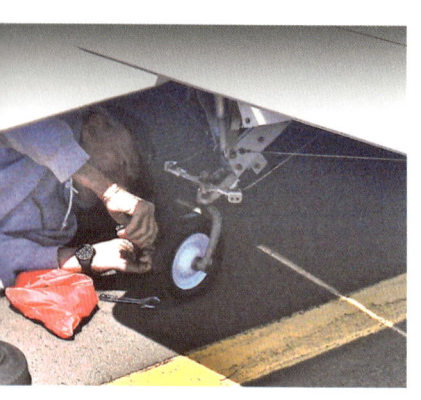

밴던에서는 타이어를 고칠 수가 없었다. 철물점에서 잔디 깎는 기계의 바퀴를 찾아 타이어 크기를 맞춰보니 퍼프의 뒷바퀴에 딱 맞았다. 타이어 교체를 마칠 때쯤 정오가 되었고 바람이 한층 더 강해졌다……. 내가 시동을 켜지도 않았고 퍼프가 지상에 앉아있는 상태였는데도 대기속도 표시등이 시속 47킬로미터를 가리켰다.

퍼프는 뒷바퀴에 잔디 깎는 기계의 타이어를 착용한 게 마음에 들지 않는 눈치였다.

비상사태잖아, 퍼프! 다음 착륙지에서 타이어를 수리해 줄게……. 이번 한 번만 이 타이어를 쓰자!

'어디 모자란 비행기 같잖아요.'

나는 다음 공항에서 타이어를 수리해 주기로…… 약속했다.

퍼프에게 내 약속은 의미가 컸다. 지난번 비행할 때 보니 연료가 부족한 상태라서 착륙 후 다시 비행하기 전에 연료를 더 넣어주겠다고 말한 바 있었다. 오늘 연료량을 확인했지만 조금 낮긴 한데 비행 가능 범위 내에 있었다. 시속 32킬로미터 바람이 불고 있는데 기체 후방 위에 아슬아슬하게 균형을 잡고 서서 엔진에 연료를 붓는 짓은 어지간하면 안 하고 싶었다. 하지만 약속을 해놨으니 어쩔 수 없었다. 역시나 바람이 불어 연료가 사방으로 튀었고 나는 연료를 보충한 후 여기저기 묻은 연료를 닦아내야 했다. 다는 못 닦고 일부만 닦았다.

퍼프는 새로운 연료가 들어간 것을 알아챈 듯했다. 나는 시동을 켰다. 타이어에 관해 투덜거리고 나서 퍼프는 더 이상 그 얘기를 하지 않는데, 내가 약속을 지킬 것이라 믿기 때문이었다.

나는 다시 1호기 조종사가 되었다. 대지 속도 때문에 도저히

안 되겠으면 경로를 바꿔 오리건주 중부로 가기로 했다. 그곳에서라면 바람이 허리케인급으로 불지는 않을 테니까.

왼쪽에 푸른 바다, 왼쪽에 푸른 바다. 나는 이 말을 속으로 되뇌며 퍼프를 깨웠다. 퍼프는 자기만의 격납고를 떠올리며, 새로운 비행장을 탐험할 생각에 기분이 좋아진 듯했다.

제니퍼와 퍼프는 돌풍에 휩쓸리지 않도록 조심하면서 신중하게 바람을 타고 달려갔다. 잠시 후 활주로 끝에서 바람을 향해 이륙할 준비를 했다. 댄이 내게 고개를 끄덕이며 준비가 됐음을 알렸다.

스로틀을 앞으로 밀자 퍼프가 5초 만에 떠올랐다. 어수선하게 뭉친 공기 속에서 한쪽으로 기울어지며 속도를 높였다. 우리는 해변 쪽으로 방향을 돌린 후 길이 160킬로미터에 달하는 모래 활주로 위를 날아갔다.

공기가 남쪽으로 빠르게 흐르고 있었다. 바다를 끌고 갈 것처럼 바람이 강했다. 네다섯 줄의 높은 파도가 밀려와 서부 해

안의 광활한 모래사장에 부딪혀 깨지고 있었다. 바닷물에 모래가 시커멓게 젖어있는 해안선 쪽에 안전하게 착륙할 수 있을 듯했다. ……물에 젖은 모래 알갱이가 단단하게 뭉쳐있을 테니까.

대지 속도는 시속 80킬로미터, 바람은 45노트였다. 아무도 없는 해변이라, 비행기를 북쪽으로 밀어 올리려는 바람만 빼면 큰 어려움 없이 착륙했다. 바람이 몰아치면서 우리 비행기의 날개를 왼쪽, 오른쪽으로 쳐댔다. 날개 각도를 낮게 유지하려는데 바람 때문에 자꾸 각도가 가팔라졌다. 나는 상승에 힘을 받기 위해 스로틀을 밀어야 했다. 여기 계속 착륙해 있을 수가 없었다.

우리는 자갈 섞인 상승기류를 타고 날아올랐다. 고도 4,000피트에 도달한 후 차분한 공기를 찾아 내륙 쪽으로 방향을 돌렸다. 지상에 산이 펼쳐지더니 오래지 않아 윌래밋 밸리가 보였다. 따뜻한 풀잎 색깔의 드넓은 평원이 지평선에 닿도록 뻗어 나간 곳이었다.

우리가 연료를 보충하기 위해 지상으로 내려가 정박 장소로 들어가는 동안 퍼프는 군소리 없이 따랐다. 퍼프와 제니퍼는 나란히 정박했다. 사실 우리의 마음이 연결되어 있기 때문에 퍼프가 굳이 말할 필요 없기는 했다.

코밸리스시의 널찍한 격납고에서 한 시간가량 퍼프를 수리했다. 뒷바퀴 타이어를 새것처럼 수리해 원래 자리에 넣고, 잔디 깎는 기계의 바퀴를 안 보이는 곳으로 치웠다.

비행기 꼬리 부분을 들어 올릴 잭(자동차 타이어를 갈 때처럼 무거운 것을 들어 올릴 때 쓰는 기구―옮긴이)도 없는 상태에서 내가 어떻게 뒷바퀴 타이어를 갈았는지 궁금할 것이다. 댄 덕분에 잭이 필요 없었다. 댄은 뒷바퀴를 바닥에서 떨어뜨려 놓기 위해 73킬로그램에 달하는 무게를 기꺼이 들어 올렸고, 덕분에 나는 잔디 깎는 기계의 타이어를 빼내고 수리한 타이어로 재빨리 교체할 수 있었다. 다음에 또 비행기를 들어 올릴 일이 있으면 근처에 있는 지질학자를 부르면 되겠구나 싶었다.

오늘은 비행을 얼마 못 하고 정비하느라 정신없이 하루를 보냈다. 정비는 비행처럼 감동적이고 가슴 떨리지는 않았다.

호텔에 체크인하면서 저녁에 꽤 피곤하겠다고 생각했다.

배가 고파서 댄과 함께 코밸리스시의 어느 식당으로 향했다. 그날 첫 식사였다.

식당에 들어가자마자 보이는 벽에 커다란 깃털이 붙어있었다. 나는 그걸 보고 우뚝 멈춰 섰다. 이번 비행에서 얼마나 많은 징조를, 얼마나 많은 깃털을 봐야 누군가 우리를 돌봐주고 있다는 걸 내가 완전히 믿게 될까?

나는 식당 종업원에게 물었다.

"저 벽에 있는 깃털의 의미가 뭡니까?"

종업원은 그쪽을 힐끗 쳐다보았다.

"야자나무 잎일걸요."

식당 벽에 저렇게 생긴 게 붙어있으면 여러분은 벽에 붙은 야자나무 잎이 무슨 의미냐고 종업원에게 물어볼 건가?

나는 묻지 않았다. 정작 궁금한 것은 국토를 횡단하는 내내 푸른 깃털이 나를 따라다니는 이유였다.

깃털이 아니라고 하니, 이 징조는 작고 귀엽지만 의미가 애

매모호하다는 생각이 들었다. 징조를 남기는 자는 인간들과 대화해야 하기에 뜻을 분명히 전달해야 한다. 그렇지 않으면 우리는 누군가가 우리를 돌봐주고 있다는 걸 알아채지 못할 것이다.

나는 방으로 돌아가 내 물건을 편한 곳에 던져두고 침대 옆 탁자에 객실의 카드식 열쇠를 놓아두었다. 봉투 밖으로 카드식 열쇠가 삐져나오면서 사진과 같이 두 단어가 보였다.

(내가 침대 옆 탁자에 놓아둔 카드의 모습을 그대로 사진으로 찍은 것이다.)

문득 그날 하루를 돌아보게 됐다. **이 정도는 일도 아니야, 리처드.** 이 징조는 바로 그런 의미일 것이다.

고마워요, 할머니.

48

수리할까 아니면 그냥 갈까?

비행을 나서기 전에 신중하게 비행기를 살펴봐야 한다. 그것을 '비행 전 점검'이라고 부른다. 줄여서 '사전 점검'이라고도 한다. 점검 후에 '타이어가 납작해졌네'라고 말하면서 비행 전에 손을 보면 된다.

비행기마다 조종사가 특별히 신경 써야 할 부분들이 있다. 굳이 약점이라고까지 할 필요는 없다. 대형 제트 여객기는 누가 엔진의 공기 흡입구에 공구 상자를 놓아두지 않았는지 확인해야 하고, 작은 비행기의 경우 이륙을 위해 천천히 이동하기 전에 고정 체인을 풀었는지 확인해야 한다.

아마추어가 제작한 실험 비행기인 시레이의 경우 조종사가 비행 전에 확인해야 할 사항이 꽤 많다. 가만 보니 다른 대부분의 조종사와 달리, 댄이 자기 비행기를 특별히 꼼꼼하게 검사하는 것 같아서 궁금증이 생겨 이유를 물어보았다.

댄의 대답을 듣고 나는 그 후로 비행 전 점검에 시간을 더 들이게 됐다. 이 비행기는 프로펠러가 엔진 앞이 아니라 뒤에 달려있어서, 비행 중 엔진에서 느슨하게 풀린 너트나 볼트가 저 아래로 무해하게 떨어지는 게 아니라 프로펠러 안으로 빨려 들어갈 수 있다. 음속보다 느리게 나는 비행기의 프로펠러 날개가 단단한 물체와 부딪치는 건 그리 바람직하지 않다.

소리를 들어보니 퍼프의 엔진에서 풀림 방지 줄이 한 개도 아니고 두 개나 망가진 듯했다. 풀림 방지 줄은 배기 장치의 스프링이 망가져서 프로펠러로 날아 들어가지 못하게 막아주는 역할을 했다.

기술적인 얘기를 길게 늘어놓고 싶지는 않지만 이 얘기는 꼭 해야겠다. 망가진 풀림 방지 줄을 교체하고 있는데 댄이 문득 왜 제니퍼의 엔진이 퍼프의 엔진보다 연료를 많이 먹는지 의문을 가졌다. 그는 시간을 들여 원인을 조사했고 엔진 구동식 연료 펌프에서 누유가 발생한 걸 알게 됐다.

내가 망가진 풀림 방지 줄을 발견하지 못했으면 댄도 누유를 찾아내지 못했을 것이다. 순전히 우연이었다. 그 문제를 어떻게 해결할까? 연료 펌프를 주문하고 기다려야 할까?

그 펌프는 며칠 동안 계속 새고 있었고 제니퍼의 엔진은 별다른 탈이 없었다. 제니퍼는 평소보다 연료를 조금 더 사용하고 있었을 뿐이었다.

그래서 우리는 결정을 내렸다. 그대로 비행하기로!

무모하다고? 우린 그렇게 생각하지 않았다. 우린 이 질문을 던지고 결정을 내렸다. 이 상황에서 일어날 수 있는 최악의 일이 무엇일까? 연료 펌프가 완전히 망가지는 것이겠지. 그런 경우 쓸 수 있도록, 시스템에 전기 백업 연료 펌프가 있었다. 메인 연료 펌프가 고장 나면 백업 연료 펌프가 나서서 엔진이 계속 작동하게 해줄 것이다.

그런데 메인 연료 펌프가 고장 난 것도 아니고 연료 몇 방울이 새고 있을 뿐이었다.

그래서 우리는 그대로 계속 비행하기로 한 것이다. 여기서부터는 내게 익숙한 곳이라 퍼프가 앞장서기로 했다. 나는 예전에 여기서 비행을 해보았다.

나는 자유

우리는 컬럼비아강을 가로지르지 않고 강의 중심선을 따라 몇 킬로미터 날아갔다. 그렇게 가다 보니 워싱턴 쪽에 기다란 모래강변이 보였다. 아침 햇살 아래 그곳에는 아무도 없었다.

나는 무전기에 대고 말했다.

"수상 착륙을 위해 바퀴를 모두 올리겠습니다."

"나도요."

여기에는 큰비가 내리진 않았지만, 비가 내린 후 으레 강물에 떠서 오는 통나무나 나뭇가지, 쓰레기가 없는지 확인해 보았다.

강으로 내려간 퍼프는 강변 쪽으로 천천히 흘러갔다. 그리고 바퀴를 내리고 모래사장으로 올라갔다. 바닥이 단단해서 수상비행기 퍼프는 물 밖으로 나와 육상비행기 퍼프가 됐다. 나는 퍼프를 강변에 세웠고 댄은 바로 뒤에 제니퍼를 세웠다.

비행기 두 대의 엔진을 모두 끄자 부드럽게 흘러가는 강의 희미한 잔물결 소리만 들려왔다.

서쪽으로 정처 없이 떠가는 톰 소여와 허클베리 핀이 된 기분이었다.

모래가 따뜻하고 건조했다. 우리는 잠시 그곳에 머물며 눈을 감았다. 태양이 우리에게 "즐겨"라고 말하고 있었다.

지금까지 우리가 착륙했던 다른 장소와 마찬가지로 이 강변도 나중에 다시 찾아올 만한 곳임을 확인한 후 우리는 다시 길을 나섰다. 우리의 육상비행기는 다시 수상비행기가 되었다.

오늘 나는 이런 생각을 했다. **우리는 살면서 단 한 가지 깨달음만 얻는 게 아니라, 무수히 많은 깨달음을 얻는다. 각각의 깨달음을 하나의 픽셀이라고 가정하고, 픽셀을 모두 합쳐보자. 맹목적이고 무신경한 것 같은 세상이 실은 꼭 그렇지만은 않다는 걸 알 수 있을 것이다. 불멸의 영혼인 우리는 계속 변화하는 무대에서 필멸의 존재인 척 나름의 드라마를 만들며 살아가고 있다. 우리 모두 시공간을 초월해 살아간다. 필멸자의 삶도 멋지지 않은가. 우리가 누구인지를 기억한다면, 어떤 역할로 살든 의미가 있다.**

에메랄드색 골짜기를 지나 북쪽으로 비행하고 있는데 저 앞에 푸르게 반짝이는 퓨젓사운드만이 보였다. 나는 나란히 날고 있는 제니퍼를 돌아보았다. 댄은 조종석 위로 카메라를 들어 올려 퓨젓사운드만을 배경으로 날고 있는 퍼프의 모습을 찍었다.

작은 수상비행기 두 대와 우리는 정말 멋진 여행을 하고 있었다! 1만 피트 상공을 날면서 언제든 추락해 아무도 없는 곳에서 불타 죽을 수도 있다는 두려움과 위험에 맞서 싸우면서 말이다. 그래도 될 대로 되라는 식은 아니었다. 우리가 가진 기술이 있기에 자신 있게 여행을 계속할 수 있었다. 그리고 믿음이 있었다. 댄은 제니퍼를 믿고, 나는 퍼프를 믿었다.

'나도 당신을 믿어요. 첫 주가 지나고 믿음이 생기더라고요. 첫 주에 당신이 훈련받는 동안에는……'

그때 무슨 생각을 했어, 퍼프?

'……우리가 비행하다 살아남을 가능성이…… 좀 적을 수도 있겠다는 생각이요.'

아이고. 우리 퍼프가 요령 좋게도 말한다!

퍼프의 말대로였다. 우리는 부정적인 선택을 하면서 삶을 망가뜨리고 비참하게 살 수도 있다. 평범한 선택을 하면서 평범하게 살 수도 있다. 창의적인 결정을 내리고 드문 선택을 하면서 자기 삶을 자유로이 꾸려갈 수도 있다. 원한다면 이 모든 선택을 해볼 수도 있을 것이다.

누가 우리를 막을 수 있을까?

49

미지의 세계에서 자신 있게

 북쪽을 향해 물 위를 떠가고 있는데 별안간 경치가 바뀌었다. 스페이스 니들 건물 뒤의 푸른 물줄기가 보이는지? 그것은 이 나라 최대 규모의 수상비행기 항공사인 켄모어에어사의 본거지 유니언 호수였다.

 퍼프가 잠시 지상으로 내려가 저 도시를 1, 2분 정도 바라보고 싶어 할까, 그럼 자기가 시골에서 올라온 아가씨라는 사실을 자각하게 될까, 하는 생각이 들었다.

 우리는 그곳에 잠깐 머물다가 다시 이륙해 샌원제도로 향했다.

 지금까지 본 중 가장 잔잔한 바다가 도시 구경을 온 어린 아가씨를 환영해 주었다. 마지막 무선이 들렸다.

 "346 파파 에코, 비행기 두 대 비행 중, 8킬로미터 남쪽에서

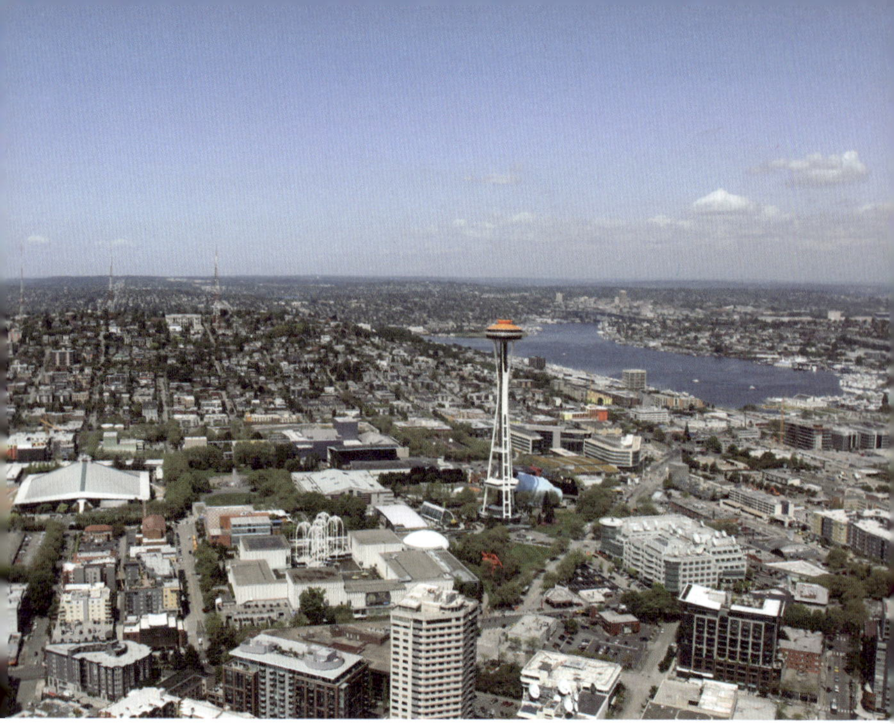

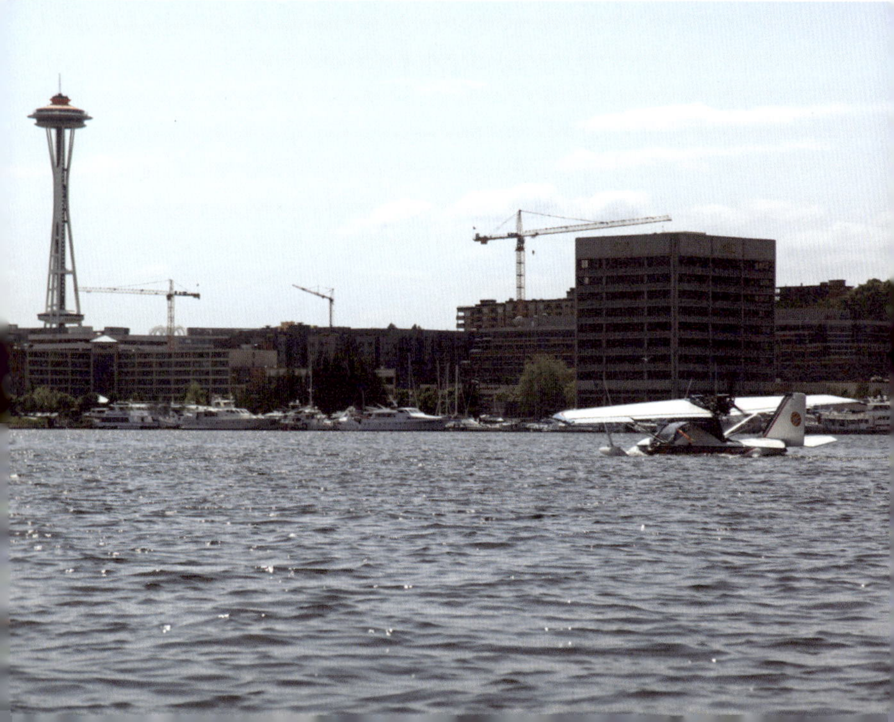

3-4 활주로에 직선으로 접근 중입니다."

퍼프는 휘이익 소리를 내며 깃털처럼 가볍게 내려가 처음으로 활주로에 내려섰다. 이제부터 퍼프가 잘 알아가게 될 활주로였다.

수리할 것이냐, 그냥 날아갈 것이냐? 그냥 날아가는 쪽을 선택할 때가 많았다. 세밀한 부분까지 완벽하게 수리하고 떠날 생각을 하다 보면 계속 지상에 발이 묶이게 된다. 일단 날아오르고 나서 가는 길에 수리해도 되는 것이다. 그러다 말썽이 일어날 수도 있겠지만 일단 자유는 확보할 수 있다.

퍼프는 천천히 활주로를 달려가면서 깊은 인상을 받은 듯했다.

'들판에 있는 제일 큰 격납고가 내 거예요?'

맞아. 여기는 쉰아홉 개 정류지가 있고 해안에서 다른 해안까지 날아서 예순두 시간이 걸려. 여기가 우리 집이야.

퍼프는 기뻐하면서도 별안간 경계하며 물었다.

'나를 지상에 계속 세워둘 건 아니죠? 이번 여행이 끝나도 우리는 매일 비행하는 거죠?'

격납고는 비행 사이사이에 휴식을 취하기에 알맞은 따뜻한 안식처다. 여기서 퍼프는 편안히 쉬면서 수리받을 수 있다. 언제든 날아갈 준비를 해야 하는 곳이지, 죽치고 사는 곳이 아니

었다.

'난 준비됐어요.'

그간의 여행에서 묻은 모래와 먼지, 때를 씻어낸 후 다음 여행을 시작할 것이다. 한 번도 본 적 없는 호수와 섬, 한 번도 내려선 적 없는 빛나는 물을 향해!

'제니퍼는요?'

제니퍼와 댄은 한동안 여기 머물 거야. 우리 둘은 미지의 장

소로 함께 떠나기로 했고.

'미지의 장소!'

몹시 기뻐하는 목소리였다.

퍼프가 참 많이 자랐다! 미지의 것을 좋아하는 퍼프는 새로운 모험을 향해 자신 있게 날아갈 것이다. 약간은 될 대로 되라는 마음으로.

믿어지는가? 그 순간, 우리의 수상비행기 두 대는 격납고에 들어와 있었고, 머리 위에서 갑자기 폭발하는 듯 요란한 엔진음이 들렸다. 지붕에 바퀴가 내려설 것처럼 격납고가 마구 흔들렸다. 누가 소리쳤다.

"어이 거기! 난 자유다!"

자기만의 비행기를 탄 토드가 수평선을 향해 날아가고 있었다.

기다려, 토드! 우리도 같이 가!

옮긴이 **공보경**

고려대학교 영어영문학과를 졸업하고 소설, 에세이, 인문 분야 전문 번역가로 활동하고 있다. 옮긴 책으로 《스패니시 러브 디셉션》, 《루스터 하우스》, 《메이즈러너》, 《로드워크》, 《테메레르》, 《제인 스틸》, 《아크라 문서》, 《작은 아씨들》, 《물에 잠긴 세계》, 《하이라이즈》, 《스트레인저》, 《개들의 섬》 등이 있다.

나는 자유 《갈매기의 꿈》 리처드 바크 에세이

초판 1쇄 인쇄 2025년 4월 28일
초판 1쇄 발행 2025년 5월 20일

지은이 | 리처드 바크
옮긴이 | 공보경
발행인 | 강봉자, 김은경

펴낸곳 | (주)문학수첩
주소 | 경기도 파주시 회동길 503-1(문발동 633-4) 출판문화단지
전화 | 031-955-9088(마케팅부) 031-955-9532(편집부)
팩스 | 031-955-9066
등록 | 1991년 11월 27일 제16-482호

홈페이지 | www.moonhak.co.kr
블로그 | blog.naver.com/moonhak91
이메일 | moonhak@moonhak.co.kr

ISBN 979-11-93790-97-7 03840

* 파본은 구매처에서 바꾸어 드립니다.